U0367664

学会争取

如何获得更多资源与支持

文娅　仲佳伟 ——— 著

清华大学出版社
北京

图书在版编目（CIP）数据

学会争取：如何获得更多资源与支持 / 文娅，仲佳伟著 . — 北京 : 清华大学出版社 , 2023.9
（2024.8重印）

ISBN 978-7-302-64633-4

Ⅰ.①学… Ⅱ.①文… ②仲… Ⅲ.①心理交往 Ⅳ.① C912.11

中国国家版本馆 CIP 数据核字 (2023) 第 177860 号

责任编辑：宋冬雪
封面设计：艺海鑫
责任校对：王荣静
责任印制：杨　艳

出版发行：清华大学出版社
　　　　　网　　　址：https://www.tup.com.cn ，https://www.wqxuetang.com
　　　　　地　　　址：北京清华大学学研大厦 A 座　　　邮　　　编：100084
　　　　　社 总 机：010-83470000　　　　　　　　　邮　　　购：010-62786544
　　　　　投稿与读者服务：010-62776969，c-service@tup.tsinghua.edu.cn
　　　　　质 量 反 馈：010-62772015，zhiliang@tup.tsinghua.edu.cn
印 装 者：涿州汇美亿浓印刷有限公司
经　　销：全国新华书店
开　　本：148mm×210mm　　　**印　　张：**9.625　　**字　　数：**188 千字
版　　次：2023 年 11 月第 1 版　　**印　　次：**2024 年 8 月第 5 次印刷
定　　价：68.00 元

产品编号：102769-01

序　言

无惧不确定，学会为更好而争取

　　我们夫妻俩构思与起草这本书时，正好在三年新冠病毒感染疫情期间。这是不寻常的三年，诸如俄乌冲突、能源危机、极端气候等具体事件，真实、近距离地影响着每个人的生活，特别是在经济上。

　　就在这样的环境中，我们的女儿于 2022 年出生。从因为疫情防控导致的孕产过程变得更为复杂，到我俩所在行业的艰难恢复，我们最大的体感便是"难"。似乎，此前快速发展带来的高工资、好工作，曾经丰沛的资源、诱人的机会，变得越来越少。几乎身边所有人都明显感受到了英国学者安东尼·吉登斯在《现代性的后果》中探讨的人类困境。在巨大的不确定性中，人们都憋屈又不得不负重前行，以谨慎地维持着自己的生存。

　　在这样的大环境下，如何让自己的生活与事业都能得到发展，成了每个人都在琢磨的事儿，也成了我们俩写完《韧性成长：终身进益的 16 个心智升级模型》一书后，持续思考的主题。最终，我们将关注点聚焦在"争取、创造更多资源与信任"上，并深信它是解锁当前时代矛盾与压抑的关键。

两件小事，启发我们有此感受：一是与两边父母一起生活和带娃，二是在疫情期间的工作发展。

我们俩是 35 岁才要的孩子。孩子的爷爷、奶奶在孩子出生前就来了北京，准备帮我们一起带娃。过去十多年里，很多同事或朋友都提醒我们有孩子后，我们与父母之间以及双方父母之间一定会起冲突，但幸运的是，现在在我们家，奶奶与姥姥每天分工带娃，爷爷与姥爷则分工做饭，一家人像高效能团队一样和谐顺畅地运转着，我们也因此得以享用这份满是亲情的"资源"，在有娃之后也能相对平衡事业与兴趣——包括写这本书。

另一件事，发生在我们工作里。疫情三年，我们和很多人一样，明显感受到公司的成本控制越来越严格，招人、升职，卡得越来越严；客户的项目变少，预算更是越来越少。但回头去看，我们俩这几年的发展却有很大的进步。工作室赢得的项目质量越来越好，职场上我们也持续得到领导和同事的支持，升职加薪虽不如此前快，但专业、人脉、影响力等却在稳步提升。这与很多人在这三年中的发展，似乎很不相同。

这两件事，都算不上什么大事，背后也有一定的运气，以及离不开周边人对我们的支持。但我们自己知道，另一个原因可能是我们一直保持着的"争取"意识与能力——也就是如何根据自己与对方的本质需求，勇敢但又温和地与对方协商、谈判，进而得到满足需求的资源。

"资源"这个词，虽有些过于商业化，却可以帮助我们看明白一件事：它本身客观存在着，等着我们发现、使用，或者转化、创造。就像爸妈的帮忙、领导的监督一样，在有些人眼里是冲突与拖累，而在有些人手里却是支持与动力。

这一区别是如何形成的？两者之间是如何转换的？过程中利益与信任的关系到底是怎样的？这些问题，引起了我们研究与探索的兴趣。

但与大家对"争取"的普遍理解很不一样的是，我们在做的、讲的"争取"，不是"争抢"，而是有能力争取到对方与自己一起发现、创造资源；我们说的"资源"，既包括实实在在的物质与便利，也包括看不见的人情与信任。

这的确不容易，却可以实现。在这个过程中，我们用的核心方法是第三选择式谈判，它能帮我们变冲突为合作，实现利益与人情的双赢。谈赢并不是目的，让资源更多、人情更浓才是目的。核心方法不是虚张声势、哭穷卖惨、恐吓威胁，而是分析诉求、敢于表达、开放共创。因为我们深信，在如今的大环境下，培育人与人之间的信任，并基于信任创造更多，比费尽心机让自己独赢、独得，重要得多。

只不过，要想实现利益与人情兼得，并且不被江湖手段所骗，的确需要自己有更正的心态、更强的能力，以及对人情更深的关注。我们写这本书，既是我们学习的记录与总结，也是对这种理念的探索与分享。

我们夫妻俩都是普通人，从大学初恋在一起，到在职场上一起发展十多年，有幸得到了比自己的预期多很多的资源与信任。我们相信也希望更多善良、向上的朋友，也能借由这本书看到并学会利益与人情兼得的争取，并享受由资源与信任带来的自由，而不是被动等待生活与工作来安排自己。

当然，我们也并不是天生就会争取。过去十多年来，我们融合公共关系、商业咨询及知识创作的跨界经历，让我们有幸得到很多观察与学习的机会。它们不仅让我们见识到书中具体技能的应用，更启发我们相信人的主动意识、更大的包容心、无限的创造力——而这些，才是争取过程中真正的品质。

我们感谢所有帮助、启迪过我们的朋友与老师，也期待你的进步。当然，书中也肯定有很多不完善的视角或观点，也欢迎读者朋友通过公众号"皮皮仲与娅娅文"交流、指正。

2023 年 4 月 20 日

于北京

目　录

第一部分

会争，才能创造更多利益与信任

练习一项技能，需要从动机开始。而要激发动机，则需要深入理解这项能力的作用与意义，并了解它的核心组成。在这一部分，我们将为你展现"争取"对于工作与生活、利益与人情的本质与长远益处，同时，也分享给你一个高阶思维模式：争取不是"抢夺"，而是立足"信任"与对方一起创造"第三选择"，从而开发出更多资源与利益，并在此过程中享受成事带来的信任与亲密。

第一章

如果不会争取，我们会失去什么？

有一次，一位公司高层与我们闲聊说："佳伟，我看你和你太太的状态真好——价值观稳定，自己要的方向很清晰，工作与生活中有运作良好的支持系统，关键是在那么忙碌的工作中，你整个人的状态还不疾不徐。"

"你真是个富裕的人！"最后，他总结道。

这个"富裕"，当然不只是指"房子、车子、票子"等物质资源，更包括用来撑起过日子所需要的其他精神性资源，特别是自由、顺心、支持、团结的程度。用"资源"这个词来描述它们，也许太过于商业化，但实际上却非常务实、准确。谁的物质与精神资源相对于成本需求来说更充沛，谁就能过得更从容、自由。

有些人，因为出身、机缘等，天然地比别人更早地拥有更多的资源，这不在我们讨论的范畴里。我们更关注普通人——就像我们夫妻俩——该如何通过自己思维、行动的提升，提高获得资源的能力。这需要靠争取，更需要链接、碰撞、创造。只不过，很多人对资源有欲望，但很少人会思考自己在这些动作上的能力有多少。

争取无处不在，但不是靠抢

无论是在生活还是工作中，很多人对争取、谈判都有误解，以为它是一个争得头破血流的过程。

特别是在工作中，因为资源有限，很多人都经历过争升职、加薪时的你多我少，争一个新客户时的你死我活，与客户杀价时的斗智斗勇……我们当然也会参与到这些"争"的过程中，但我们经历得越多越发现：真正的敢争、会争并不是这样的——它可以带来双赢，而不是你赢了对方一定会输的局面。

最直接的一个例子是，有些人会把老板、同事，都变成他们自己升职时的助力，而有些人则完全相反，老板与同事反倒成了他们发展的阻力。

为什么会出现这样的区别？本质原因是，会争取的人真正争到的是老板或同事们的信任。当然，信任作为名词与动词，含义都极为复杂。大白话来说，信任不是空的，而是在物质与精神上的互相依赖。

> 互相信任的人，总能在一起交互、创造、维持某种资源：实实在在的业绩、令人放心的交付，都是其中的要素。

这一规律在生活中也是如此。很典型的一个例子，是有些人家双方父母可以一起有效地帮忙带孙辈，支持子女的事业，但对有些人家来说，父母帮忙反而会带来负面影响，激发矛盾，消耗子女精力。同样在工作与生活上打拼，你希望父母与你的互动与合作关系是怎样的？

回答这个问题，其实不取决于你的"希望"，而在于你自己是否有意愿与能力，与父母沟通清楚双方的需求，商量出妥善的相处模式，明确双方各自的行为，同时，更重要的或许是如何一起庆祝、享受因为这些合作而带来的资源成果。而这些，都是我们定义的争取能力，它需要大量的谈判技巧。

当然，争取也是分大小的。我们当然不用去操心国与国之间的谈判，也不用担心能不能争到一口饭吃，但在日常生活中，我们至少需要关心图 1-1 所示的轴中涉及的争取：

| 在生活琐事中，大方表达自己的情绪与需求 | 能从伴侣或家人那里得到自己需要的支持 | 工作中，得到领导、同事必要的资源与支持 | 事业上，实现升职、加薪、专业等成长 | 帮助公司或组织成功谈判，获得更多利益 | 为自己的信念，争取认同及更广阔的发展空间 |

图 1-1　"争取"图谱

如果仔细观察这个"争取"的图谱，你会发现"争取"的范围与事项可大可小，有一些在商业世界中的"争取"会密集地使用谈判的思维与技能，真刀真枪地在高压环境中推进；有一些生活中的争取，未必一定要启用谈判技能，但无论哪种争取，谈判的思维与技能都能发挥作用。这也是为什么我们会放在一起讲，并用谈判的技能模块串起整个争取能力的原因。

会争的好处，绝不只是得到想要的

读完上一节内容，有些朋友可能会觉得，我同意你说的，但我的性格就不喜欢争，也不太争，更不敢争，怎么办？

对此，我们非常理解，因为我们也是这样的过来人，并且，这样的朋友还不少。中国传统文化中，本来就有强烈的天命思想[1]，认为命运天定，自己在现世中能实现的成就、人际关系，都有定数。从父母的行为及他们对我们的教导，到如今职场与社会上的"躺平"心理，本质上都是这一文化心理结构在持续、稳定地发挥影响力。

我们不敢说自己完全不受这一文化的影响，但我们也相信作为个体，每个人都希望能积累更多让自己过得更好的物质与精神资源。看到好处，进而积累学习的信念与动力，本来也是人类学

---

[1]　翟学伟著：《中国人的行动逻辑》，224 页，北京，生活书店出版有限公司，2017。

习的重要方式。下面，我们就梳理一下，会争的人，到底能得到什么好处——肯定不只是多得到些东西那么简单。

好处一：更高效地得到自己想要的

有很多人会抱怨自己在工作中争取不到升职加薪，也会抱怨另一半不能按自己的想法去做家务、过生活，甚至更小一点，不能让家人、同事多给自己一些支持。如果仔细观察，你会发现他们只是在抱怨，并没有真正去争取过。

在我们看来，只要你开口争取，那么至少成功的概率是大于0的，但如果完全放弃争取，那么你也只能被动接受这个结果，顶多发些无用的牢骚。

有一次，我们去一位朋友家做客，他们夫妻俩做了一大桌好吃的招待我们，大家席间聊得很尽兴。然而，当我们吃完收拾时，气氛就开始慢慢变了。

妻子一边收着桌上的碗筷，嘴里一边不停地对帮忙的我们念叨着丈夫从不做家务，羡慕我们俩总是一起收拾屋子等；而坐在那边的丈夫则只好尴尬地打圆场，说"家丑就别外扬了"。听他这么说，妻子更加不满了，向我们诉说她又要工作又要顾家的辛苦；丈夫叹了口气，欲言又止，自己去阳台抽烟了。

我们问她："难道你从来没有让他一起干活吗？"

妻子说："怎么没有，可是他干得太糊弄，他干完我还得重新干。他看我重干，还觉得很委屈，所以后来我干脆就自己干了，还能图个省心。"

我们又问："那你和他沟通过怎么才算干得好吗？"

妻子抱怨说："他能干活就不错了，我哪还敢要求那么多呢！我不说他，也省得惹他烦。"

我们鼓励她："我们认识老赵这么多年，他脾气一直挺好的，只是不爱主动表达。你可以试试和他聊聊这个话题，反正又没什么损失，说开了，也许他真的能和你一起做好家务，你也不用那么累了。"

后来佳伟去阳台和丈夫聊天，他说："哥们儿，不好意思，让你们看笑话了。其实我也想多干点家务，可是我干完她又重干，也不告诉我哪干得不好。这样没有意义啊，所以我就不干了，还不如省下这些时间去研究下专业，快点升职加薪对这个家有价值呢！"

你看，两个人的误解就是从不愿争取对方支持只是维持表面和平开始的，可内心又都忍不住去揣测对方的心思，于是憋屈着、抱怨着。

后来，那位妻子发微信给我们，说我们走后他们两个人还是深聊了一番，统一了对干家务的期待和标准，终于能一起高效地收拾屋子了。她感慨，原来好好沟通，争取家人的支持和理解也没那么难，之前是自己被"受害者心态"给蒙蔽了，他们现在很享受一起打理小家的过程。

虽然这个例子只是件小事，争取的也不是什么了不得的利益，但主动去争取，让自己在生活中这些千千万万的小事上顺了心，你也会产生一种感觉——一切都还不错。而这样的争取思维，同样也在工作中适用。大到拿到好项目，小到请领导每个月给自己安排一次 1 小时的交流辅导，都是争取思维的具体应用。

好处二：用有限的资源，创造 1+1 ＞ 2 的结果

我们两个人性格很温和，在做家务上有一种自然而然的明确分工。刚开始有孩子时，我们也一样会不适应。我们各有各的工作，一样的忙碌与琐碎。于是在孩子百天前我们达成了一个分工协定：工作日的晚上妈妈来带孩子，周末晚上爸爸来带。在此过程中，除非一方主动寻求帮助，否则另一方不必起床，好好休息。

也就是说，假设孩子哭了，只要当值的一方认为自己有能力哄好，那么就不去打扰另一方休息；但如果判断自己搞不定孩子了，或者需要帮助，就可以找另一方寻求支持，双方一起配合，而另一方必须提供支持。

你看这就是典型的角色与责任切割，但同时又有合作。这样做的好处，是可以避免因为有了孩子而导致夫妻两个人的精力都受到极大的影响，同时又因为知道对方虽然在休息但随时都可以

支援自己，所以心里不会感到"孤独"或不平衡。

这是一种 1+1 > 2 的思维。对我们来说，这样的安排让我们能在"晚上只有两个人带孩子"这个有限资源的条件下，非常好地平衡和兼顾带孩子和我们自己的生活与工作。

这种思维用在工作上也是一样，最典型的场景就是争取升职或加薪。

以升职为例，一般来说，更高的职位、更多的薪水，意味着更大的责任、更多的贡献。但事实上，每家公司或单位不只是简单买你每天 8 小时的工作时间，雇主真正需要的是你充分用好自己在行业内外的人脉圈，创造出更有价值的东西。

你升职后，公司当然会对你在这方面有更多的期待。对于业务岗位，这当然非常好理解；但实际上，无论是做行政、人事，还是其他什么岗位，都可以因为你在公司里职位的上升而带来的影响力和自信心，为公司创造更多机会，链接更好的资源。

比如，作为人力资源岗，你可以去参加人力资源专业的论坛，帮助公司聘请到更多的好的人才等。你可以想象一下，一名经理跟一名总监在撬动这方面资源的时候，能促成的结果肯定是不一样的。

在公司内部也是，如果有更高的职位，你将在公司内部有更大的影响力。这个影响力不是指你坐在办公室里有多少人带着敬仰的眼光看你，而是你可以借由它在公司里促成更多有贡献的事情，且这些贡献往往是你在原来的岗位上很难做到的。

我们认识的一位朋友在做到公司管理层之后，经常去主动推进一些文化层面的资源交换，以及关注小伙伴身心健康的项目等。所有这些项目并没有列在他的工作职责里，但是因为他已经到了一定的阶段，就可以有这个影响力去创造这些价值，帮助公司和伙伴更好地发展。

回到争取这个动作，敢于争当然是为了实现自己升职加薪等利益，但是敢于争也是在给自己创造条件提升影响力，进而在公司内外部都能给公司创造更大的利益，达到 1+1 > 2 的效果。

这是一种更高阶的思维模式，是典型的强势文化 ① 心理，我们希望它能帮你突破原来对于谈判与争取的理解——你得到更多，也不一定意味着对方失去那么多。

实现这样的争取，你需要具有第三选择思维，它是指在争取中要突破"以我为中心，必须都听我的"这样的第一选择，或"你比我厉害，都听你的"这样的第二选择，创造出"咱们一起来，实现利益与信任双收获"的"第三选择"。我们将在第二章详细展开讲述。

好处三：享受主动、共创与信任带来的快乐

除了资源与利益，我们再来看看情感与关系。无论是在工作

---

① "强势文化"是作家豆豆借由其小说试图探讨的一个概念，对应的是"弱势文化"。弱势文化，是一种"靠"的文化，即靠父母、靠朋友、靠组织等；而强势文化，则是种"自强"的文化，尊重规律，也习惯通过规律来成事。感兴趣的读者，可以阅读《遥远的救世主》《天幕红尘》《背叛》三部曲。

上还是在家庭里，大家都倾向于认为"争来争去"会影响关系，甚至会破坏关系。

比如，在工作上，你会担心过于争取可能会影响老板对自己的印象，毕竟在很多文化中，特别是在中国传统文化里，这样的人给他人的印象大多是"不听话""不好管"。再比如，在生活中，无论与家人还是朋友交流，当你主动表达想要什么，并且坚持自己的需要时，会担心显得太斤斤计较，让人觉得你只顾自己，不把别人放在心里。

如果你也感到这样纠结，那你一定要记住一件事：

> 真正持久、坚固、温情的关系，是建立在共同的物质与情感利益越来越大的基础上的。

换句话说也就是，当你的争取能够让别人跟着你事业越来越好、生活越来越有奔头时，你们的关系反而会因为你的争取而更加和谐、紧密。因此，在这个语境中，"利益"是一个中性词，也就是你实实在在给对方带来了什么好处。这一认知，同样体现了中国文化中"物各得宜，义利相合"①的和谐状态。

举个例子，在家庭生活里，如果你跟你的另一半因为非常善于沟通，也能各自为自己争取，从而打造出一种非常高效且能平

---

① 黄寿祺、张善文撰：《周易译注》，11 页，北京，中华书局，2016。

衡工作与生活的模式，那么你们俩的关系只会更好——因为你们会有比别人更多高质量的自由时间，对金钱更有掌控度，能更好地经营自己的圈子，并能够通过沟通处理好生活中的各种摩擦和矛盾。

如果我们都有这样敢争、会争、能争的本事，并用它给家庭带来好处，那对方为什么会讨厌你呢？喜欢你还来不及呢！

这在工作中也同样适用。同事会因为知道你非常能干，能为他创造和争取更多的利益——无论是争抢到明星项目，还是在圈子里打通资源、建立链接，或者创造出一些公司前所未有的创新项目——他相信跟着你，就能更好地成长、被老板关注，那么你们的关系就会非常紧密。而在老板眼里，你为项目"争取"，意味着你对工作上心，意味着你的担当，意味着你希望通过自己的努力做出更好的成绩，因此也更容易信任你。

特别是在大环境不是很好的情况下，无论是在国企、事业单位还是在民企、外资公司，那些能帮领导做出成绩的人，都是组织里最受欢迎的。相反，只会听话但不能去主动创造和推进、做出成绩的"老好人"，一旦跟不上组织前进的步伐，就会掉队或被淘汰。

在充满不确定与风险的当下，我们需要围绕着自己的发展与幸福诉求，创建所需的关系与信任。但它首先需要能把自己打开 ①，并与别人围绕着某个具体的事件或东西开始互动。

---

① [英] 安东尼·吉登斯著：《现代性的后果》，田禾译，106 页，南京，译林出版社，2011。

当然，我们也特别关注在中国社会这样一个重人情也重发展的环境里，以及在经历后疫情、经济发展变缓之时，争取的意识与能力对每个人的重要性。正如费孝通先生观察的那样，中国的社会格局是一种差序格局①。我们和他人的关系，有点像是把一块石头丢在水面上所发生的一圈圈推出去的波纹。每个人都是他的社会影响所推出去的圈子的中心，被圈子的波纹所推及的就发生联系。在差序格局中，社会关系是逐渐从一个一个人推出去的，是私人联系的增加。我们也喜欢用"家"的概念，只要是进入靠近自己的关系，无论是亲朋好友，还是工作上的伙伴，都可以被称为"自家人"。

"自家人"如何形成，波纹又能涉及多远，这都靠我们自己平时的培育。只有围绕生存与幸福所需的资源，实实在在地培养有用也暖心的关系，才能聚集起更多"自家人"，并在应对不确定性时才有真正的资源与自由。

总结来说，会争的人总是在和对方一起创造一种蓬勃向上的正向关系，这份关系不只是在一个项目、一件事上让大家相信你的能力和驱动力，而是无论在生活还是工作中，大家都相信跟你在一起会变得更好。有这样的基础打底，你与他人的关系会更加牢靠、持久，并且能在互相启发中良性发展。

---

① 费孝通著：《乡土中国》，北京，生活·读书·新知三联书店，2013。

要点小结

- 无处不在的竞争，以及对自己发展与幸福的追求，使得我们不断要去争取更多物质与精神上的资源。这一切都发生在与人的交互过程中。也正因如此，争取，并与对方一起创造利益，是一种极有价值的社会能力。

- 学会高阶的争取有三个好处：（1）更高效地得到自己想要的；（2）用有限的资源创造1+1＞2的结果；（3）享受主动、共创与信任带来的快乐。

- 在中国文化模式下，人情与关系非常重要，但真正持久、坚固、温情的关系，是建立在共同的物质与情感利益越来越大的基础上的。

第二章

职场与人生中，怎样争才更高效？

在上一章中，我们谈到真正的会争，不是只顾自己、用蛮力来抢，而是要创造"第三选择"。

"第三选择"并不是一种神秘的理念，相反，它非常朴素、务实，并一直存在于人们的日常生活中。拿一件生活中的小事儿来说，一个人想开窗，因为觉得热，一个人想关窗，因为不想吹风，如果两人都强硬地坚持实现自己的目的，一定谈不拢；但如果开隔壁屋子的窗，既能让温度降下来，又不会直接吹到人，那么结果皆大欢喜——这就是"第三选择"。

"第三选择"作为一个概念，是由思想家史蒂芬·柯维（Stephen R. Covey）在 2011 年出版的《第三选择：解决所有难题的关键思维》①一书中总结表述出来的。很多人看不上柯维先生的理念，

---

① 英文原版书名为：The 3rd Alternative: Solving Life's Most Difficult Problems, Stephen R. Covey, Free Press。

认为它既太大白话，又很理性主义，更没有惊人的原创性。但自大学起，我们俩的成长轨迹，受其思想的影响非常大。他让我们看到在东方与西方文化中，很多原则与智慧是相通的。他非常强调实践，与中国文化中的"知行合一"相统一。越是在实践中练习使用他总结的原则，就越能感受到人在成功上的可能性，以及人性中的伟大因素。

"第三选择"也同样如此，它引导我们在生活中做一个既能灵活成事又人情通透的人。同时，它也是我们这些年来谈判思想与实践的重要指引。前几年我们与在行平台合作开发谈判课程时，就以它为指导思想，提出了做"温柔的强硬派"的理念。

在这一章中，我们将与你分享这一理念对于争取及谈判能力的意义，以及该如何实践，才能发现它的力量。

比仅仅争到手更高级的策略

在很多人的眼里，争取或谈判，是对有限利益的争抢，也就是很多谈判书中提到的"零和博弈"。你赢了，对方就会输；反之，对方赢了，你就会输。我们当然也听过"双赢"这个词，但相信它真能实现的人并不多，人们通常把它当成一种谈判桌上的客气话。

更糟糕的是，无论是在工作中谈商业合作，还是在生活中争取权益，我们都希望自己能够得到更多，但很多人可能不知道的是：谈判中经常会出现比达不成合作还差的情况。比如，虽然达成了合作，但自己的利益却损失了，做了赔本生意；或者，因为对一些不重要的条件或形式的坚持，使得双方虽然达成了合作，却只收获了极小的成果，白白浪费了谈判投入的努力。

奇妙的是，现实中却存在很多 1+1 > 2 的例子，它们打破了"零和博弈"的限制，突破了一方赢一方输的局限，同时还通过合作极大地扩大了有限的资源。我们不妨先来看一个小故事：

> 两个小姑娘为了一个橘子吵得不可开交，最后只好把橘子平分了，谁都觉得委屈。但事实上，她们一个人是想吃橘子的肉，而另一个人是想用橘子皮来烤蛋糕。如果能说清楚各自的需求，那么想要吃橘子肉的小姑娘，可以吃到完整的橘子；而想用橘子皮来烤蛋糕的小姑娘，也可以得到整个的橘子皮。

这虽然是个故事，但它能启发我们：当遇到冲突时，双方甚至多方其实是有很大的机会去融合不同甚至是看上去有冲突的需求的。在谈判或争取的过程中，如果启用第三选择思维，就能实现以下三个好处：

- 化解认知或现实中的各种冲突，包括利益、人情等；
- 共同创造比"各自让步"或"双输局面"更好的方案；
- 通过同时加强利益与人情，来强化长远的信任关系。

　　这就是第三选择的力量，它既适用于商业界的各种协作创新，也同样适用于生活中各类关系的处理。

　　以我们从事的商业咨询为例，在中国商业高度发展与竞争日益激烈的今天，我们越来越多的客户希望能兼顾价值、成本与效率，在为用户带来好产品、好服务的同时，也能实现增长。这看起来是矛盾的，但越来越多的优秀企业正通过各类第三选择，实现这三者的动态平衡（比如唯品会、小米生态中的公司等）。这背后的驱动力，就是熊彼特强调的创新与协作[①]——而这两种精神，也是本书一直在强调的谈判心法。

　　这样的理念，同样体现在生活中。很多看似相互矛盾的小事，往往可以通过巧思创意以及与对方的合作来解决，从而创造出更顺心、更有获得感的相处状态。比如，现在很多人都不愿意与工作上的伙伴交朋友，周末或假日更不愿意出门聚餐，每次被邀请，都觉得好像还是在工作，所以不愿意花精力和金钱去应酬，总感觉有点儿亏。但有没有可能让这样的聚会对自己、对对方都有利呢?

　　在实践中，我们会定期与工作上的伙伴在私人时间聚会，但每次都有"主题"。这些主题可以是自己专业、业务上的某个困惑，或是对方有而自己没有的兴趣，又或者诸如孩子养育等大家共同在经历的阶段。这样，通过工作时间以外的交流、碰撞，我们得以创造出高质量但又没多少内耗的社交时间，与同事们除了工

---

① ［美］熊彼特著:《经济发展理论》，贾拥民译，北京，中国人民大学出版社，2019。

作关系之外，也能成为认知提升道路上的密友。这也是一种第三选择。

然而，要想发挥第三选择的力量，前提是需要大家都认同这样的理念，并能有足够的技巧与能力，沟通清楚各自的需求，并且实现需求的方式保持灵活性。当然，第三选择理念的落地，总要有一些人先行一步，在实际的谈判与争取中先展现出来。大部分时候，这个人就是我们自己。

灵活创造选项，实现高效争取的三组核心能力

我们研究谈判与高效沟通很多年，发现很多人会认为它们只是嘴上的功夫，但其实，它是打通思考、表达、做事，以及建立和维系关系的完整能力。

想象一个很典型的场景：你在一家公司干了三年多，正巧要述职评估的时候，来了一位新领导，这时候你跟新领导还没有建立起信任关系，但是你又不得不去向他争取升职加薪，这种情况下他会考验你哪些能力呢？

很显然，勇敢表达是一个基本前提，但是在表达之前，你至少要有对于当下局势的基本分析，对领导期待你为公司做出的价值贡献有所预判，以及对你自己在团队及公司中的核心价值进行评估。当然，同样重要的是：你与领导之间的交互状态，也就是职场人常讲的"化学反应"（chemical reaction）是否相合。

很多时候，争取不仅要靠嘴巴说，也要提前做一些事情，既要展示出成绩，又要规划好成功争取后你要采取的行动，以确保能够交付你在争取过程中的承诺。你会发现，这是基于局势进行判断思考之后，采取的完整沟通与行动。

然而，进行有效争取，光做上面这些工作还是不够，因为信任关系是慢慢建立起来的。面对新领导，你准备得再充分、表达得再流畅，也不可能瞬间获得他的信任。因此，你还需要抓住机会，逐渐与他在日常的工作与交流中培养起信任关系。

这个案例涉及的能力及各项能力间的关系，也符合我们多年来一直在打磨的"知行金字塔"模型中关于思考、表达与行动的关系[①]（图 2-1）。

图 2-1　知行金字塔

① 文娅、仲佳伟著：《韧性成长：终身进益的 16 个心智升级模型》，33 页，北京，中信出版社，2021。

基于这个模型，我们提炼了三组提升争取力的能力。我们相信，掌握这三组能力，可以帮你建立起争取过程中非常重要的信心与胆识。

能力一　思考清晰：学会动脑，分析各自的利益诉求

无论是在工作还是生活中，很多人在争取时常犯的一个错误，就是只想到自己想要什么，然后就去要了。

但事实上，每个人都有自己想要的东西。你有没有想过，如果仅从自己出发，那么这些东西，你把它叫"利益"也罢，叫"好处"也行，是从哪里创造出来的呢？这是一个从底层逻辑进行思考的好问题，它能帮我们避免"只想自己"的思维模式。

因此，要想争取到自己想要的东西，第一项需要提升的能力，就是能够分析思考对方、自己以及双方甚至多方，大家各自的利益诉求是什么，能够被创造出来的资源又是什么。这样一来，就能避免大家在争一个压根不存在的东西（比如想争取加薪，但公司这个财年根本没有这项预算），或者说存在但是数量很少的东西（比如想争取另一半更多陪你和孩子的时间，但他或她工作实在太忙）。

说白了，分析能力考验的是你脑子好不好使、气度大不大、格局高不高。尽管这些描述好像很抽象，但这项能力却实实在在地影响着你每一次争取的结果，以及更重要的是，当你初步争取失败了的时候，它会影响你接下来的选择与处理方式。

思考与分析能力可以说是创造第三选择的基础能力，但它是一个很大的命题，不是一朝一夕就能提升的，可以遵循诸如"知行金字塔"模型，并不断在具体的场景中训练自己的心智能力，武装好自己的大脑，从而更好地分析思考，看清局势，找到有效的切入点去争取。感兴趣的朋友，可以通过阅读《韧性成长：终身进益的 16 个心智升级模型》，了解如何在工作与生活中练习。

能力二　沟通顺畅：用更高效、有韧劲的沟通，共同探讨第三选择

我们都知道沟通对于争取的重要性，但遗憾的是，直到现在还是有太多的书或者课程在教大家如何强硬地去争取，然而这些方法并不适合所有人。比如，对于性格偏内向的人，让他向比自己职级高很多的领导强硬地争取会很困难；再比如，对于我们上文提到的资源压根不存在的情况，无论是谁，也很难仅靠强硬争取实现无中生有。

事实上，在谈判或争取中，真正强大的沟通力不是体现在你能把对方说得哑口无言、无法回应，因为一旦把对方说趴下，对方也就不可能与你商量解决方案，或顺畅开展合作了。

真正高阶的沟通能力，是看你能否帮助自己和对方梳理清楚各自的需求及手上的资源，并带着对方甚至多方一起开拓合作范围，讨论出第三选择解决方案。通常，这样的解决方案不是现成的，而是需要双方或多方通过耐心交流，在了解彼此需求的基础

上创造出来。

再举个例子：

> 周末了，妻子想去逛街，丈夫不愿意，双方怎么为自己争取呢？这时，他们可以通过创造第三选择方案来解决，但前提是有能力充分、完整地沟通。首先妻子要理解丈夫为什么不愿意出去，丈夫也要去理解妻子为什么想去逛街。很有可能的一种情况是，妻子不是真的要买什么东西，只是想通过逛街去外面散散心，而丈夫呢，也不是真的不愿意出去，只是怕逛街这一形式而已。了解清楚这点，创造第三选择就很容易——两个人都出去，但不要去逛街，看看画展、逛逛公园、散散步都可以。

这个方案看起来很简单，但前提一定是两个人能够很好地沟通各自的需求。

坦白来说，在争取时，通常刚开始的沟通可能会不那么愉快：在双方诉求不一样的时候，也许会产生很多冲突；当对方不愿意再跟你聊，或者开始争吵时，沟通也有可能推进不下去；甚至当你想去探讨第三选择的时候，对方会不理解、听不懂或者不想跟你交流。这些问题都要靠灵活、有韧劲但同时也讲究科学规律的沟通技能来解决。

我们会在第三部分、第四部分，为你详细拆解如何在争取中聊得更顺畅的一系列沟通技能。它们涵盖了将自己需求表达清楚、更好地聆听、讨论冲突与矛盾、应对诡计与无赖等一系列从易到难的技能。当然也包括如何调动双方积极情绪、让谈判与争取也变得更有人情味儿等技巧，从而帮助我们更好地适应中国文化下的各类工作与生活中争取的场景。

能力三　行动有力：采取明智行动，构建信任关系，确保第三选择顺利落地

虽然沟通能力在争取时很重要，但只把精力用在"说"上而不采取行动进行创造，也很难成功。我们不妨来看生活与工作中的典型例子。

还拿两个人周末出去玩为例，当两个人出现意见分歧，除了用沟通来理清各自的需求，还需要两个人一起探索有哪些既符合两个人的诉求与兴趣，同时也能真正放松、有趣的事。无论是找一家不错的餐厅，还是发掘一处便宜但又好玩的场所，都需要两个人用行动创造出来，而不是靠吵架吵出来。

在工作场景中就更加如此了，如果你想要争取升职，但眼中只有职级而没有创造的话，那么你只能被动等待，直到某个职位腾出来之后才有机会被分配。但事实上，就像我们自己亲身经历的那样，升职很多时候是建立在创造新的工作内容及价值，并附加相应责任的基础之上的。当然，这里的创造，不是你一个人的一厢情愿，而是与自己的领导甚至跨部门同事的合作共同创造的，

它背后需要大量的提前布局与务实行动；同时，你可能会先得到一个"虚"的头衔，但需要持续地投入"实"的努力，最终被领导、同事认可，实现真正意义上影响力的提升。

争取涨工资也是一样的道理。一般来说，无论能否用销售业绩这样明确的数字来考评，我们的工资大都体现着个人的"功劳"与"苦劳"。想要加薪，至少在功劳与苦劳上都要有更多的创造与付出，才符合逻辑与事实。尤其在整体经济发展变缓的情况下，公司对于功劳的要求会越来越高。因此，谁能创造并展现出自己实实在在的功劳与贡献，谁就能有更大的概率争取到加薪。

上面三个场景中，都需要创造与行动，但值得注意的是，创造解决方案不能光靠自己闭门造车，你更要学会带着对方，无论是你的另一半还是你的同事和老板，一起去探讨、落地，这样做出来的东西才是对对方也有价值的。

失败时的反应，才体现争取能力的真正水平

我们都知道，争取或谈判不可能都成功。如果当下还没有成效，该怎么办？这才是真正考验你争取能力和心态的时刻。

暂时没有成效时，大部分人要么放弃继续争取，要么转而埋怨对方或者客观环境，但都不再采取进一步行动，从而导致争取最终失败，甚至还会破坏你与对方或多方之间的关系。

事实上，几乎没有任何一样真正有价值的东西是一次就能

争取到的。

> 你需要持续不断地通过沟通与行动创造出新资源，并让它们逐渐成型、扩大、被看见，直到能够满足你与对方的需求。

这个过程也是你与对方互相给予信心与信任的过程，它建立在你强大的情绪管理能力的基础上，也建立在你对局与势的深入理解上，当然，更建立在创造方案的行动上。唯有这样，当我们在争取过程中碰到困难，或者碍于面子、自尊心不愿意继续争取时，才能勇敢而坚韧地进行下去。

举个例子，拿争取加薪这件事来说，假设你当下没有争取成功，但是领导答应你，只要你能做出成绩，团队业绩能达到标准，在半年后的审核期会给你加薪，这时你会怎么办？你是把领导的话当成画饼，还是从现在开始到接下来的半年里，你跟领导及团队，想方设法把业绩做出来？

职场打拼十多年来，我们一直选择后者，虽然有挫折、有困惑、有冷嘲热讽，但我们就是稳住自己，聚焦在推进上，并一直学习如何在过程中不断展现自己的努力与成绩，给自己、团队与领导创造信心，最终一次又一次争取成功。

这个过程，远远超越嘴皮子上的争取。从思考分析到顺畅沟通，再到务实行动，它整合了前面讲的三个能力，并以完整的高效能成长框架，为我们的争取及成果保驾护航——我们也希望能借本书，与同样想更好争取且在争取过程中实现成长的你分享。

要点小结

◆ 对于争取，我们要有一个认知与信念上的突破，那就是它不应该是"零和博弈"或对有限利益的争抢，而是可以实现1+1＞2，突破一方赢一方输的局限，并把有限的资源通过合作而扩大。

◆ 要实现上述目标，需要"第三选择"理念，它由三项核心能力构成，分别是：（1）思考清晰，也即学会动脑，分析各自的利益诉求；（2）沟通顺畅，也就是用更高效、有韧劲的沟通，共同探讨第三选择；（3）行动有力，即采取明智行动，构建信任关系，确保第三选择顺利落地。

◆ 创造第三选择，不只是灵光一现，短暂的受阻或失败，都不应该成为我们放弃的借口。相反，我们需要持续不断地通过沟通与行动创造出新资源，并让它们逐渐成型、扩大、被看见，直到能够满足你与对方的需求。

第三章

变对立为合作，离不开信任

前面两章，我们讲了争取的重要性与好处，以及争取的本质，也就是通过与对方一起创造第三选择解决方案，兼得利益与信任。在现实中，如果运气好，碰上靠谱的人，我们就可以很顺畅地用这样的理念，与对方推进共创第三选择的进程。但如果对方不靠谱、脑子转得不够快，甚至是个大坏蛋——总之，对方不值得你信任，怎么办？

这是你学习谈判或争取时不得不面对的一个问题。当然，从对方的角度来说，你是不是值得他信任，也一样是个挑战。事实上，信任才是谈判与争取背后的真正关键，它是撬动解决方案的杠杆，也是激发沟通效能的引擎，更是形成合作与亲密关系的纽带。

当然，信任在上述三个维度中，都自带两面性。当信任存在时，即便双方的技巧差一些，推进得笨拙一些，那也能同心、同力地聊出解决方案来；相反，如果信任不存在，那么各自拥有的技能、筹码、资源，反而会生出合作的障碍，也为双方的沟通带来很多不必要的猜疑。

正因为信任的重要性，在过去近十年，我们夫妻俩一直在学习、研究、摸索信任这一看不见、摸不着的概念。它是我们过去写作和课程的统一主题，指引着我们在心智模式、高效沟通上的创作。但因为在谈判中，信任的作用及运作的机理更加复杂，我们将在第二部分讲解具体方法之前，用这一章为你梳理信任背后的关键。

江湖凶险，如何赢得信任，也相信对方？

在我们看来，一名真正成熟的谈判者，他首先也必须要从信任这一原点出发来考虑问题，理解谈判或争取中的局与势。

还记得上一章中，我们举过的关于领导允诺你只要业绩好，未来就可以加薪的例子吗？这个例子就非常典型地展现了谈判过程中的信任窘境：

- 你作为争取方，凭什么信任领导给你画的饼？
- 领导作为被争取的一方，又凭什么相信给你加薪后，你能贡献得更多、更久？
- 当双方都不信任对方时，该怎样推进对话与交互？
- 当彼此还未信任对方时，又该怎样培育信任的萌芽？（总

要有一方先信任对方）

"信任"既抽象，又复杂。要回答上述问题，需要花点时间理解"信任"。我们为你提炼了三个底层抓手，以方便你把握，并在谈判练习中慢慢体会、实践。

抓手一 信任的本质：对未知风险的主动承担

无论是在东方还是西方文化中，也不管是在古代还是现代，信任都是一种美德。学者福山用"信任税"这个概念形象地指出：一个充满不信任的社会，实际上是向所有的经济活动征收一种税，一种高度信任的社会里没有的税[①]，说的正是有信任与无信任对人际间的合作及相处的影响。这一规律，从个体到组织，从国家到社会，都普遍存在。

那信任的本质到底是什么呢？简单来说，它是我们对未知风险的主动承担。未知，指的是怀疑；风险，指的是对自己的伤害。也就是说：

> 如果你选择信任某个组织、某个人、某件事，就意味着你选择主动承担潜在的伤害与损失。

[①] [美] 弗兰西斯·福山著：《信任：社会美德与创造经济繁荣》，郭华译，桂林，广西师范大学出版社，2016。

　　这一点，在谈判或争取过程中尤其明显。当你经由自己的分析与判断，相信对方表达或承诺的东西，无论是否有书面合同或口头协定，都意味着你决定了自己将承担未来对方违约的风险。理解了这一点，我们才能用一种正确的心态来看待谈判及学习谈判这两件事——因为结果的不确定性，也因为风险的确定性，谈判不可能一定成功，学习谈判也不一定能搞定所有情形。

　　这时，问题就来了，既然风险确定存在，那为什么我们还要学习谈判，并在谈判中选择相信呢？

　　要解答这个问题，就得回到对风险的理解上。在我们看来，风险是一种对危与机的辩证理解。如果我们想得到、争取到某样东西，它的代价就是承担某种风险。比如，在写这一章时，我们正好赢下了一个新的咨询业务，但在签合作时，我们俩依旧喜忧参半，非常忐忑。喜的是，凭借自己的实力，我们的小小工作室得到了上市公司的认可，还是战略咨询项目；忧的是，对方会不会认账？不会像之前的某些客户一样不靠谱，我们辛辛苦苦干完活之后对方却赖账吧？

　　担心归担心，合作依旧在推进。一方面，风险的本质是机会的成本，赢利或赚钱、专业或技能、人情或信任都是如此[①]，另一方面，我们更相信信任是一种需要刻意训练的能力。我们越是频

---

① [德] 乌尔里希·贝克著:《风险社会: 新的现代性之路》，张文杰、何博闻译，南京，译林出版社，2018。[美] 弗兰克·H.奈特著:《风险、不确定性与利润》，王宇、王文玉译，北京，商务印书馆，2015。

繁、主动、多类型地训练，未来就越能、越会信任别人——生存在当下这样一个风险越来越多的社会中，这也是一种极度稀缺的能力。

另外，我们常听到一种说法：中国人没有契约精神。这虽然不准确，但对每一个想学习谈判的朋友来说，都不得不重视。因为想要在中国社会中进行谈判、推进合作，并不是只靠一纸合同就能实现的，要不然怎么会有那么多视合同为空物的公司与人呢？

事实上，在中国文化的影响下，我们对信任、关系、约束等概念的理解，有独特的特点。在专注于社会关系本土研究的学者翟学伟教授看来，中国文化中的信任，是人们在社会交往发生可疑时而形成的中间地带。它的边界，不取决于绝对的理性，而在于人们在面对社会不确定性和复杂性增加时，对于自己依赖对象的灵活假定与调整。①其背后的标准，则是脸面与人情。

说白了，相比合同中的条款或理性的约束，中国人可能更看重自己在别人眼中的评价。在各类正式或非正式合作中，典型的中国人最受不了的是因为自己失约而在对其有影响力的人或圈子中带来的"丢面子"的风险。理解这一点，可以引导我们在与对方谈判或争取的过程中，更好地理解哪些因素重要、哪些因素没那么重要，并灵活、高效地推进。

---

① 翟学伟:《信任的本质及其文化》，载《社会》2014（1）。

抓手二 什么值得信：信任的四大要素与内在关系

在理解了信任的本质是我们对未知风险的主动承担之后，下一步，我们就要想办法降低风险，也就是识别什么样的人值得信任，什么样的人不值得信任。

这个问题当然也很复杂，但在这里，我们想分享咨询圈中非常经典的一个信任度公式[①]，以便我们能虽简化却依旧能抓住人与人之间信任关系的要素。这个公式是：信任度 =（专业性 + 可靠度 + 亲密感）/ 自我。

> 一个人在另一个人眼中的信任度取决于以下几个因素：
>
> · 专业性：他在某行业或某公司的能力是不是专业可信？
> · 可靠性：他做事的态度、方法与结果是不是可靠？
> · 亲密度：他和对方是不是可以亲密交心？
> · 自我：他是不是太以自己为中心，只顾及自己的利益与感受？

我们不妨结合谈判的应用，来解释一下这个公式。

这条除法关系的公式，体现了三条信任原则：

[①] 参考：The Trusted Advisor，David H. Maister，Charles H. Green，Robert M. Galford，Free Press。

- 能不能获取别人的信任，既有分子部分的加分项，也有分母部分的减分项。
- 加分的三件事，件件是做好自己，拿出成果，利于别人；既要求你有足够的做事的能力（专业、可靠），也要求你有建立关系的能力（亲密）。
- 减分的部分只有一件事，但破坏力极大，那就是以自我为中心，它既包括太自大，也包括过分敏感。

本质上来说，这四个元素及其关系，都在导向两件事：妥妥地交付成果，稳稳地建立关系，而这正是我们整本书都在讲的利益与信任关系。它适用于人与人的层面，也可以发生在人与组织、组织与组织之间；既适用于工作，也能应用在生活中。

在实践中，你可以在谈判推进的过程中，拿这四条标准去一一评判自己的谈判对象。比如，在上文提到的我们签合同的过程中，我们就逐渐发现：

- 专业性方面：对方在聊合作权益、修改合同、推进合作的过程中，行为与态度都非常严谨。
- 可靠度方面：对方是上市公司，过去的业绩很稳健，经历的法律纠纷也在合理范围内；且参与的人员涵盖了中高层领导及项目负责人，他们在公司待的年头都很长，希望做出成果。

- 亲密感方面：在与关键成员的接触中，我们发现双方有很多的共同兴趣与关注点，且风格也较接近，没有觉得不好接触。
- 自我方面：对方对专业本身很尊重，态度谦逊，有强烈的向我们学习的意愿。

基于上述分析，我们判定该公司值得信任，并决定推进合作。它肯定还存在风险，但就像在"抓手一"中分析的那样，我们选择主动承担这份风险。

当然，上述分析只是发生在拿着四个要素进行思考的环节，但真正在合同上签字并投入精力合作的过程中，要怎么做到呢？这就需要第三个抓手。

抓手三　如何互相信任：言、行、果三者要诚实地展现

这些年我们通过对信任的学习与实践，最大的感受是发现信任既是名词，更是动词。我们在工作和生活中与人合作时，都想有妥妥的信任感，对对方能安心，但它需要靠大量的行动建立起来。这既指我们自己要做很多事情，以产生对另一方的信任；也指引导另一方同样通过行动，来信任我们。

那采取哪些"分解动作"，才能更好地完成信任这一完整动作呢？我们觉得要从语言、行为、成果上进行整体塑造。

先来说"言"。谈判与争取，最直接的动作就是表达。这里就涉及我们在第二章中讲到的顺畅沟通。只不过，为了展现自己可

信以及辨别对方是否值得信任，就会要求我们掌握一定的语言技巧，来达到这一目的。

读到这儿，你可能会觉得这样的语言是不是充满诡计或机辩？但就像孔子说的"修辞立其诚"①，我们之所以要在语言上打磨，是为了更好地将自己的诚意以及行动的愿望表达出来，而不是修饰自己的诚意。比如，在上述案例中，当我们与对方的负责人就合同中的某些条款，各自强硬地坚持及争取时，他说了一句："这些条款都是君子协定，但我们的法务抠得严，还请您理解！"就能缓和不少紧张气氛，同时也含蓄地体现了双方对它们的重视。

再来看"行"。这里的行为，既包括谈判或争取现场本身的行为表现（特别是在商务谈判中，外在行为是否干练、专业、权威，都会影响对方对你的信任认知），也指为了准备谈判或谈判之后的行为，比如：

- 是否为了方便谈判，安排双方进行充分的预沟通？
- 是否为了现场的高效交流，提前在内部协调，收集需求、材料等？
- 是否在谈判过程中，按照双方的需求，及时跟进，收集额外信息或需求？
- 是否在谈判之后，能将双方的约定快速推进，或对尚存的

---

① 黄寿祺、张善文撰：《周易译注》，14 页，北京，中华书局，2016。

问题进行落实？

· 是否能在前次合作成功之后，继续夯实、扩大合作的基础？

在上述我们自己的案例中，我们在合同的条款细节上，加了很多约束与限定条件，以尽量保护自己的核心利益（即得到自己要的支持、费用，避免过高的赔款等不利条件），这是我们为了让自己更信任对方而采取的行动。而难能可贵的是，对方的负责人非但没有反对这些约束，反而帮我们描述得更详细，甚至在其中的付款条件上，改得比原来更有利于我们，这让我们产生了更多信任；同时，作为回报，我们也提醒他们删除了一条虽然是他们法务增加，但其实对他们自己不利的条款。

最后来看"果"。谈判或争取当然最终要追求结果，但它也是一个过程，短则几小时，长则数周、数月。在最终结果没达成前，由上面提到的行为而产生的小成果，对谈判的推进非常重要。它们既体现着你在信任要素中的专业、可靠，也能帮你加强与对方的亲密关系，当然，它们还能不断促成谈判各方之间建立信任、推进合作。

值得注意的是，如果要赢得别人的信任，或者自己去判定对方是否值得信任，都需要一个"看见"的过程。空口强调自己值得信任，是没有太大效果的；贸然地信任对方，也是有风险的。我们需要尽可能地向对方展现上述提到的言、行、果，同时也去观察对方在这三方面的表现。

在这个过程中，非常重要的一个原则是要做到诚实。谈判中，难免会有人喜欢虚张声势，甚至欺骗对方。这样做，前期可能会占一些小便宜，但很快就会遭遇对方的回击，最终导致双输。这样说可不是道德说教，诚实是一项非常明智的合作品质，由著名的行为分析及博弈论专家阿克塞尔罗德研究、提出。他将其总结为"一报还一报"策略，具体有四条建议①：

- 不要嫉妒（也就是总想自己获得比对方多的利益，或受不了别人得了很多利益）；
- 不要首先背叛（也就是自己先骗对方）；
- 对合作与背叛都要给予回报（也就是不隐瞒自己的策略，大大方方回报或反击）；
- 不要耍小聪明。

"一报还一报"比较好地平衡了善良性、宽容性、反击性与策略性，就连以《自私的基因》一书闻名的进化生物学家理查德·道金斯也不得不承认，即使有自私的基因掌权控制，好人仍能得到好报。如果你能做到诚实地展现自己的言、行、果，同时也冷静地观察对方的表现，当对方配合时你温柔以对，当对方耍赖时你明确回击，那么，信任作为一个动词，就能被你更成

① [美] 罗伯特·阿克塞尔罗德著：《合作的进化》，吴坚忠译，77 页，上海，上海人民出版社，2016。

熟地使用。

拥有"最佳替代方案"，才能不屑骗人，也不被人骗

我们前面分析了与信任相关的很多理念，但现实中的谈判或争取，并不会像我们写的那样顺利。如果你发现对方在骗你，该怎么办？如果你被误解为在虚张声势或在欺骗对方，该怎么办？更难处理的是：你不知道对方是不是在骗你，但你不得不做出决定，又该怎么办？

面对这样的情况，我们当然都想做到这一节标题里说的"不屑骗人，也不被人骗"，但它需要实在、充足的筹码，可不是义气（或意气）用事就能做到。对于谈判学习来说，建立正确的"筹码观"非常重要。很多人会将筹码误解为资金、资源、信息或者职级等方便将对方压倒的东西，认为自己手上的钱、物、权更多，谈起来就能赢得更轻松，反之亦然。

但这与现实并不相符，比如，在商场上，也有很多小公司在合作时姿态很强硬，世界 500 强企业拿它们也毫无办法；即便我们夫妻俩的工作室那么小，在与大企业家、大公司合作时，也可以很强硬地坚持原则。生活中也是一样，我们不妨举个反例，你有没有发现，很多看似又懒又贪的亲戚，家族里的人经常拿他们一点办法也没有？

像这样以小博大的状态，是怎么发生的呢？或者，为什么有

的人看似手上有很多筹码，却用不上呢？这背后的关键，就在于我们能不能将手上的各类资源，包括钱、物、权、关系、专业等进行组合，从而变成"替代方案"，并从中选出"最佳替代方案"。

最佳替代方案才是决定你谈判实力的真正筹码

什么是"替代方案"呢？简单来说，它是指万一谈判或争取失败，我们手上有的别的解决方案，可以继续支持自己实现利益。"最佳替代方案"的英文是 best alternative to a negotiated agreement，缩写为 BATNA，是谈判学里的一个专业概念[①]。最好理解的例子就是当你与领导争取升职加薪时，假设手上已经有了几个非常有吸引力的 offer（录用通知），那么，即便你争取失败，也可以非常自由地选择离职。你手上有几个 offer，就有几个替代方案；对你而言最好的那个 offer，就是"最佳替代方案"。

理解了这个概念之后，你就会发现：

真正的谈判筹码，是由手上的替代方案构成的。你手上的替代方案越多，你的谈判实力就越强。

当然，替代方案不一定都像 offer 的例子一样，但一定得是找到一个相似的替代物。它的本质，是对自己手上的有限资源进行

① [美]罗杰·费希尔、[美]威廉·尤里、[美]布鲁斯·巴顿著：《谈判力》，王燕、罗昕译，92 页，北京，中信出版社，2012。

无限重组，从而创造更多选择权，以满足自己的本质需求。比如，即便你手上一个 offer 都没有，但你的诉求就是如果不给你升职加薪就离开，那么，你的替代方案可以是下面中的任意一种或它们的组合：

- 拥有能支撑你生活一年左右的存款
- 拥有其他兼职的收入来源
- 降低自己的直接生活成本
- 去上学，但同时做一阵子自由职业者，且已经能凭自己的能力接活儿

　……

可以想象，如果你手上已经有了这些可选方案，并且把第四条当成最佳替代方案，那么在你与领导争取的过程中，他如果想留你，就不得不答应你的诉求，否则他完全没办法阻止你离开，因为选择权在你手上。

那么，拥有"最佳替代方案"，与推进讨论第三选择、实现谈判成功，以及提升我们的信任能力之间又是什么关系呢？我们总结了以下三点实践体会：

- 拥有最佳替代方案后，你就不会害怕谈判失败，从而能够更自由、更强硬地去争取你想要的利益；

- 因为不怕失败，你就能更自信、从容地引导对方进行第三
  选择式的灵活合作，从而争取到比原来预想的更多的利益，
  并收获信任；
- 也因为你能做出更好的解决方案，因此，你在信任这个动
  作上，就能更有底气（还记得我们说过信任其实是对未知
  风险的主动承担吧？）——无论是错信了，还是因为谨慎
  选择不信但结果证明自己太过谨慎，你都不会伤到自己的
  利益诉求，并留下遗憾。

当然，上述感悟，光看我们的文字是无法真正体会的，只有
你自己在实践中尝过甜头，或者摔过跟头之后，才能有体感。

两步提前做好替代方案

那替代方案是怎么做出来的呢？我们总结了两个步骤，分别是：

- 构思：先想好如果谈判失败，该采取哪些行动。
- 行动：挑出最有希望的几个方案，并通过行动，把它转变
  为真正的替代方案。

构思：如果谈判失败，该采取哪些行动？

尽管很多人可能都不愿意在谈判还没开始前就去想"如果谈
判失败"这种可能性，但思考这个问题，却是你准备替代方案最

关键的第一步。

根据我们自己的经验，在思考"如果谈判失败"时，你要问自己的问题是"我该采取哪些行动"，而不是"我该怎么办"。这是因为"怎么办"这种问法很空、很虚，没办法让你快速进入对下一步行动的专注思考上，也没办法引导你去想那些实实在在能做的事。

回到本章开头我们自己与客户谈判的案例中，为了既推进合作又保护自己的利益，我们设计了以下三个替代方案：

· 对方对我们所有服务进行预付，这样，我们不会投入了工作而完全收不到钱。

· 我们设定了服务到一定金额时，对方需要进行第二次的支付，否则我们有权停止服务。

· 如果对方觉得上述约束不合理，我们可以不服务，将自己的时间，投入到别的咨询或研究、写作中来，对长远发展来说，这也不亏。

记住，谈判前如果不准备好失败，那谈判十有八九就会失败。

行动：通过行动，把构想转变为真正的替代方案

当你思考了"如果谈判失败，我该采取哪些行动？"这个问题，并且有了一些关于备选方案的想法之后，第二步，你就需要

通过"行动"把"想法"落实成真正的替代方案了。

比如，我们虽然构思了三个思路，但还是要能切实地落实。第一，对于咨询项目，我们进行了计算，设计了预付三成作为启动资金，并在交付达到 60% 时，再付三成的方案；第二，不同于传统完全按小时计费的服务模式，我们将为客户提供的咨询服务进行模块化设计，客户可以根据自己的需求灵活选择，以提升谈成合作的可能性；第三，在服务客户的同时，我们也已经和出版机构签署了写作合同，即便不能与咨询客户达成合作，我们也能将时间投入写作，并没有太多损失。

当然，在这个行动的过程中，就像我们在上一节讲过要诚实呈现自己的言、行、果一样，我们明确向客户提出了预付的期望，同时也告诉对方我们是独立的咨询顾问，没有业绩压力，不会为了拿单而随便答应不符合公平原则（这是一个重要的谈判概念，在第十章中会详细展开）的条件；但我们也非常真诚地建议客户不需要买我们所有的服务，只根据自己最核心的需求出发选择服务模块，节约团队的精力和成本。此外，我们已经出版过 5 本书，有自己的理论体系，当我们告诉客户不接咨询业务时，我们就会把时间投入到研究与写作中，他们也能相信。

我们的运气不错，客户非常理解，还特意把付款变成了对我们更有利的 3：6：1 的方式，并写进了合同中，以便我们能专注于服务他们的项目。这也证明了我们在信任这件事上做的努力得到了回报。

小心被自己的虚假替代方案坑了

当然，这里也想提醒你的是：替代方案的质量，也有高低之分。在实践中，或出于安慰自己，或因为在做替换方案时没有用心务实投入，我们很容易以为自己有很多替代方案，但事实上，这些方案却不能在关键时刻成为我们谈判或争取失败时的选项。

比如，回到开头用 offer 做替代方案的例子，如果和其他公司聊入职机会时，哪怕双方感觉都特别好，但在没有实实在在拿到 offer 前，这些公司想聘用你的意向，都不能成为替代方案。

在本节的最后，我们分享一个思考清单，供你评估[1]：

· 每个替代方案最有价值的点是什么？

· 该方案有什么好处？又有什么问题？

· 该方案在当前条件下，能不能落地？

· 如果能落地，它需要投入哪些成本（时间、资源、金钱等）？

· 假设这个方案真的成功落地了，未来它对自己当前的状态（工作与生活）有什么影响？

想象与可能性，不是替代方案，唯有用行动做出看得见的成果，并对它们进行充分评估，才能成为真正的替代方案，从而让我们在谈判现场有自由、腰板直。

---

[1] 参考：Negotiation Analysis: The Science and Art of Collaborative Decision Making, by Howard Raiffa, John Richardson and David Metcalfe, Harvard University Press。

总结来说，信任作为"名词"，它很金贵，人人想要，但又易碎、娇气。要想获得它，是靠"动词"来实现的。因此，我们建议你主动去相信对方，但这并不代表轻信别人。在此，我们想借荀子对此的见解，帮助你更深刻、务实地理解信任。他说："信信，信也；疑疑，亦信也。贵贤，仁也；贱不肖，亦仁也。"① 翻译成白话就是说：对可信之人，我们要大胆相信；对不可信的小人，我们要清醒怀疑，这两者都是信任能力。尊重贤人，同时也唾弃小人，这两者，都是仁义的表现。

在谈判或与人合作过程中，最怕的就是优柔寡断，最需要的就是原则坚定。我们要务实地做好替代方案，并在推进过程中，用好信任的规律，促成合作，实现利益与人情的双赢。从第二部分开始，我们就会把具体方法拆解成不同的步骤，与你分享如何实践真正的敢争理念。

要点小结

◆ 信任，是在利益有冲突时，双方甚至多方实现合作的前提，但作为理性与成熟的人，我们要主动选择多相信别人一些，但也不能盲目地相信别人。

---

① ［清］王先谦撰：《荀子集解》，114 页，北京，中华书局，2013。

◆ 要做到这一点，需要从三个抓手来理解信任：（1）理解
信任的本质，是对未知风险的主动承担；（2）信任的
四大要素，都导向妥妥地交付成果，稳稳地培育关系；
（3）言、行、果三者要主动诚实地展现。这三者，不仅
用于自己，也用于在争取过程中去评估对方。

◆ 真正的谈判实力与底气，建立在拥有"最佳替代方案"
的基础上。拥有更多好的替代方案，才能不屑骗人，也
不被人骗。

第二部分

想清楚 | 成于开始之前

✕

好的争取，其结果是第三选择带来的双方甚至多方满足，但它的起点却是各自需求的矛盾与冲突。要化冲突为合作，动脑想清楚至关重要。我们要学会避免关注太多表面"想要"，而应该看清自己的本质"需要"；同时，也去分析对方的需求。只有这样，才能在开始交流之前，就能看到潜在的分歧，从而思考如何化解与合作，并提前采取行动。

第四章

理清自己的需求，提高争取能力

搞清自己的需求这件事看起来似乎很简单，但回看很多自己在工作与生活上有关争取的经历，我们发现一个有趣的现象：自己特别想争到的东西，往往得不到；而没去争的东西，似乎最后被证明是更重要、更有用的。

比如，谁都想快速升职、加薪，谁都想在生活中让另一半更顺从自己的心意，但这些往往并不容易得到。相反，更好的项目机会、更自由的工作方式等对职场发展与体验真正重要的东西，往往很少人会用心思去争；同样，与伴侣或家人更深入、顺畅的交流习惯，更尊重、互动的相处方式，似乎也很少有人去争取。

> 很多时候我们不开心，是以为自己得不到想要的东西，但又有多少人真的知道自己要什么呢？

为什么呢？原因简单但又令人悲伤：我们并不知道自己到底要什么。说得更完整些，就是在争取或谈判前，我们并不知道什么才是对自己的成长、开心真正有意义的，也不知道它们都有哪些实现形式。对想要之物的内涵与外延都不清楚，直接导致了我们无法在争的过程中，与对方一起立足双方甚至多方的利益诉求，灵活地进行第三选择的创造。其结果就是很多人虽然很想去争，也很热衷于争，但总是争不到，争的过程也很不开心。

当然，争的另一面是放。会争的人，一定会放。但真正的放，不是满怀委屈地放弃，而是主动、有选择地放开、放缓、放下。要达到这样的成熟状态，就需要知道哪些是自己真正的需求，哪些是虚假需求。

所以，就让我们的争取与谈判练习从学会"弄明白自己到底想要什么"这个基本问题开始吧。它背后当然有很多的哲学与人性思考，但我们不妨借"利益"这个在商业中被频繁使用的词，来帮助自己训练"想要什么"的思考力。

利益：你想要的，未必是你真正需要的

争取对自己真正有良性影响的事物

利益，词典对它的定义是对人或物有良性影响的事物。虽然听上去冷冰冰的，但谈判也罢，争取也罢，最后要的不就是对自己有良性影响的东西吗？

为了更直观地理解，我们不妨来看一个在谈判练习中经常被引用的案例，我们在第二章解释"第三选择"时也提到过：

图书馆里有两个人在争吵，A 想打开窗户，B 想关着窗户，两个人试图在窗户打开的幅度上让对方妥协，但是谁都不愿意让步。这时候图书馆管理人员来了，问他们为什么要打开或关上窗户。第一个人回答说，想要打开窗户呼吸新鲜空气。第二个人回答说，外面风那么大，怕有穿堂风。管理人员听了之后就把隔壁房间的另外一扇窗户打开了，这样既满足了第一个人呼吸新鲜空气的需要，又满足了第二个人怕穿堂风的需要。

这个案例非常经典，它形象地说明了谈判中我们应该真正争取的东西及方式——它一定对自己真正有良性影响，但表现形式未必拘泥于自己期望的模样。

为什么这样说呢？这其实是因为如果没有刻意训练，很多人没办法区分获得利益背后的两个关键概念：一个叫"想要"，另外一个叫"需要"。这样说，可能有些抽象，我们不妨通过上面的案例来解释一下：

A 想打开窗户，B 想关着窗户。A 的"想要"是开窗，B 的"想要"是关窗。无论是开还是关，都是 A 与 B 直觉上想马上实现的东西。

"需要"则是你本质上需要的东西。比如：为什么 A 想开窗？那是因为他需要新鲜空气，这就是 A 的"需要"。为什么 B 想关窗？那是因为他想避免被穿堂风吹，这就是 B 的"需要"。

"想要"与"需要"有着巨大区别

"想要"是能激起你本能上、直觉上好感的事或物，比如，一般人都希望听好话、被赞美、少干家务，都希望赚钱、有名气、被人认可。"需要"则是能满足你长远、本质需求的东西，但未必是你当下已经知道的，比如，工作中的时间管理能力、结构化思考能力、获得优质项目的能力，生活中保持开放与探索的机会、能与家人交流或创造等能力，才是人发展与幸福的关键需要。

"想要"与"需要"是一组通俗易懂的思维工具，它可以帮你认识几乎所有谈判课都会提到的"利益"这个概念。"利益"，其实就是"需要"，它反映的是表面"想要"背后的核心利益诉求。它有三个特点：本质的、整体的、长远的。这三个特点，构成了良性影响。

了解了背后的底层逻辑之后，你有没有发现很多人经常会错把自己的"想要"当成"需要"，或者太执迷于"想要"，而不愿意真正去挖掘自己的"需要"？比如，夫妻吵架，总想证明自己才是对的，但证明自己对，是真的需要吗？大部分情况不是。工作中，很多谈判比嗓门、比拳头，想把对方谈趴下，但这样的谈赢，真符合自己的需要吗？大概率也不是。

在谈判或争取的过程中，表面上最直接的"想要"，一般都是"谈赢"，但真正的"需要"，也就是利益诉求是什么呢？为了更好地帮你理解"想要"与真正"需要"的区别，我们不妨对比几个典型场景：

表 4-1　"想要"与"需要"对比

谈判场景	想要谈赢 （表面的、局部的、短期的）	利益需求 （本质的、整体的、长远的）
帮助公司定年会场地时，与酒店砍价	让酒店直接降价	帮助公司控制整体成本
帮助公司与客户就价格与服务内容进行谈判	让客户不砍价，不增加工作量	保住利润与利润率，并为客户提供高质量的服务
帮助公司通过谈判找到低价的供应商	让所有公司都给出最低价	以整体成本最低的方式，找到优质的服务商组合
让另一半多做些家务	让对方承认平时家务做得少，希望对方听自己的话	让对方主动、高质量地去做家务，而不是听自己指挥

当然，区分"想要"与"需要"，并不是说我们只追求"需要"，而忽视"想要"——这在实践中，于自己、于对方都不现实。最典型的一个例子，就是在争取与谈判中，大家都想要也需要在表达上客客气气、情理兼顾，而不是上来就跟交战似的开条件、互相争抢。这背后反映的是对谈判过程中有理、有力、有情的"三有"要求[1]，我们将在后面讲沟通的内容中展开。

---

[1] 文娅、仲佳伟著：《中层管理者沟通力提升指南》，30 页，北京，机械工业出版社，2021。

> 人就是这样：越降低对自己的标准，就越限制自己的能力；能力越低，就越得不到；越得不到，就越不开心。

无论是工作还是生活中，如果你专注于对本质利益的追求，就能打开谈判与争取的新世界。它有两个方面的作用：

- 帮助你坚持真正想要的东西，但在实现形式上保持灵活与开放；
- 帮你调和与对方在立场上的冲突。

先来看第一点，达成某一项利益，有多种实现形式。比如，如果你与酒店谈年会场地的价格问题，如果你的本质利益是通过与酒店的合作，帮助公司控制年会的整体成本，那么，在年会场地价格不变的前提下，它的实现形式至少还可以包括：

- 可以让酒店赠送一年三次豪华房，以用来奖励优秀员工和他们的家属；
- 也可以让酒店赠送或大幅度优惠会议室的使用价格，用来召开公司的发布会；
- 还可以让酒店同意在它的宣传区域，打上公司产品介绍或形象广告；

- 又或者让酒店赠送餐厅贵宾折扣，用来招待客户或送给优秀员工作为奖励；

……

上面列举的这些可能性中，也许有些你用得着，有些用不着，但是，至少它们都能在砍不下年会场地价格时，帮你实现控制整体成本的利益诉求。记住，当你不知道谈判中的本质利益时，你的思维是僵化的，无法基于利益来寻找灵活的解决方案，创造第三选择——更别提争取得更多了。

坚持自己的本质利益，才能调和与别人的冲突

再来看第二点，"找到本质利益，可以帮你调和与对方在立场上的冲突"。

一旦进入谈判，人们会不自觉地认为自己与对方是不可协调的敌对关系。因为你想赢，对方也想赢，并且你们可能对"赢"的定义也都非常狭隘，认为只有对方按你期待的那样让步，你才算赢。

在这种理念指导下，你虽然努力在争取，但最后一定不可避免地走向争吵。也许你还会"赢"，在声音与语言上压制对方，让对方无话可说，但你不会真正得到符合自己利益的东西，并且会导致更大的冲突与裂隙。

这就是在谈判训练里，我们需要避免的"零和博弈"或"双

输局面"——双方或多方都太在意争抢表面的东西，最后却损害了自己真正的利益。然而，如果你与对方都从本质利益出发，你会很惊奇地发现：你们在利益上可能只是不同，而不是冲突。

这话听起来有些绕，我们来看一个工作上很常见的例子。假设你的公司与客户要续签新一年的合作协议，你需要作为代表与客户就下一服务年度的价格与工作量进行谈判。表面上，你"想要"守住现有的报价与工作量，客户则"想要"你降低价格，同时增加服务内容。如果你与客户都坚持各自表面上的"想要"的话，你们的诉求绝对是冲突的，谈判只能破裂。

但是，当你们各自去深挖核心"需要"，寻找"想要"背后的核心利益，你会发现：

- 你要守住的是公司整体的服务水平不因为客户预算降低而降低，公司整体的利润和利润率不因为这个项目收入减少而降低；
- 客户要守住的是不因为预算降低而没人做原来的工作，以及新增加的工作。

这样一分析之后，你会发现你们在核心利益上是可以调和的：

- 你们都同意工作得有人做完；
- 你们都同意服务的整体水平不能变；

- 你们都认为形式可以灵活，合作要遵循公平原则；
- 你们都认同更长远的合作，客户可以省心省力，你则可以保证公司整体利润不下降。

这样一来，你与客户就可以基于这些利益上的共性来进行谈判了。经过这番梳理，你们的谈判目标就不是谈赢对方，而是"创造第三选择"，体现利益的共性。

比如你们可以讨论是否外包一部分工作给出价更低的供应商，你们负责质量管理，帮助客户把整体成本降低，既保住了客户要的质与量，也保住了你的利润率。同时，你也可以提议客户延长你们的合作协议，扩大合作范围，这样既能帮你保住更长期的整体利润，也能让你的团队通过踏踏实实服务眼前的客户，扩大利润来源，而不用浪费精力再去寻找新业务；对客户而言，他也可以得到更稳定的服务团队和工作质量。

> 对很多没经过谈判训练的人来说，这是一种很难想象的状态——避免与谈判对象产生冲突，居然是因为自己对本质利益的深刻追求以及大胆表达。

生活中，这样的例子更多。休息与学习，未必是冲突的，看自己喜欢的纪录片就是一个低成本且能两者兼顾的方式；父母过多的关爱，与自己不想被干扰也不是不能调和的冲突，只要你让

父母将热情倾注在为你制作喜欢的菜或甜品上，去分散天天催你
找对象的注意力，等等。

搞明白自己到底要什么，是一种需刻意练习的能力

在了解了什么是真正的"利益"，为什么确定真正的利益那么
重要之后，我们接下来将为你拆解寻找本质利益的方法。

用利益的本质，来指引自己的分析

首先，我们要抓住一个大原则，那就是把握好"利益"是
"本质的、整体的、长远的"这个原则。你可以在谈判或争取前，
问自己下面三个问题：

- 我现在想要的东西，是我的表面想要，还是真正本质的需
  求呢？
- 我眼前所追求的东西，它是已经很完整了，还是只是整体
  中的某个小局部呢？
- 我在想的利益，仅仅是眼前的需求，还是长远的需求？

举例来说，我们夫妻俩在职场上十多年，相处十多年，还有
了孩子之后，很多刚毕业时弄不清楚的答案，现在凭直觉就一清
二楚。最典型的一个例子，恐怕是在工作量上。年轻时，是想办

法争取让自己少干些活，但到 35 岁之后，你会思考自己能不能多争取到一些好项目，多干点活。

之所以有这种区别，是因为我们年轻时太关注"想要"，想要轻松、想要玩。但到了 35 岁之后，我们开始关注"需要"：自己的能力是不是真的扎实？老板是不是赏识自己？赏识后有没有具体的机会？

这样的视角，在年轻气盛的读者朋友看来，似乎并没有什么值得称道的。但我们训练自己看清需求的能力，其实就是在训练自己突破表象、局部与眼前的能力。比如，你肯定也听到过很多年轻同事表达过一个观点："我付出什么，就要得到什么，且不能等太久。"这当然也没什么错，但付出与获得总会有一个时间差，因为眼前没得到就贸然离开，恐怕会一直得不到自己真正想要的。所以，不如沉下心来去思考真正的需求，然后行动，并稳住心态，踏踏实实投入，并在合适的时间敢于争取。

用"5 个为什么"法，追问自己的本质需求

如果你在现实中，真的碰到看不清自己需求的时候，有一个方法很好用，那就是"5 个为什么"法。这个方法，最早由丰田佐吉提出，具体来说，"5 个为什么"法就是对一个问题点连续以 5 个"为什么"来自问，以追究其根本原因。

比如，生产线上，机器停了，根本原因是什么呢？如果用"5 个为什么"法思考，就是这样的过程：

- 问题一：为什么机器停了？答案一：因为机器超载，保险丝烧断了。
- 问题二：为什么机器会超载？答案二：因为轴承的润滑不足。
- 问题三：为什么轴承会润滑不足？答案三：因为润滑泵失灵了。
- 问题四：为什么润滑泵会失灵？答案四：因为它的轮轴耗损了。
- 问题五：为什么润滑泵的轮轴会耗损？答案五：因为杂质跑到里面去了。

经过连续5次不停地问"为什么"，丰田公司才找到问题的真正原因和解决的方法，就是在润滑泵上加装滤网。

"5个为什么"法之所以经典，是因为它可以帮助我们避开主观或自负的假设和逻辑陷阱，从结果着手，沿着因果关系链条，一步步找出表象背后的本质原因。你有没有发现：这个方法也非常适合我们用来寻找谈判中"想要"背后真正的"需要"。

当然，它虽然叫"5个为什么"法，但使用时不限定必须做5次为什么的探讨，而是必须到找出根本原因为止，有时可能只要3次，有时也许要10次。

案例练习：如何更好地应对客户砍价？

回到上一节中与客户谈价格与工作量的案例中，我们就可以用"5个为什么"法来试着寻找自己的核心利益需求：

第一个问题：为什么我想赢得与客户的谈判？

答案：因为客户想要降低价格，增加工作量，而我不想。同时，我又要保住这个客户（否则就不用谈判，直接拒绝好了）。

追问第二个问题：为什么我不愿意降价并增加工作量，同时又想要保住客户？

答案：因为公司要赚钱，客户的诉求会让公司赚不到钱，但这个客户又是公司主要的收入来源之一，短时间内无法被替代。

再追问第三个问题：为什么客户诉求会导致公司赚不到钱？

答案三：因为客户的诉求会让我们减少收入，同时还要增加人力成本投入，从而降低我们的利润和利润率。

通过上面这个应用实例，你会发现：你真正的利益需求不是在表面上谈赢客户，即不同意给客户降价，也不同意增加工作量，而是要在服务这个客户的同时，确保利润及利润率不受损。

在这个需求的指导下，你的谈判目标就不是把客户当成对手，与他争论是否应该降价，而是要把客户当成你的合作伙伴，一起合作想办法，找到既能继续服务他，又能确保利润及利润率的解决方案，也就是上一小节中提到的各种实现方式。在这个双方交互的过程中，你需要启用"第三选择"思维与客户共创。

你会发现：任何类似"我绝对不同意降价"，或者"我可以降价，但偷偷降低工作质量"，又或者"我不谈了，大不了我不做这个客户了"的想法，都不符合"利益是本质的、整体的、长远的"这一大原则，也不是你谈判真正的利益需求。

当然，追问自己的本质利益诉求，放弃表层的"想要"，是与我们自身的阅历以及是否对自己诚实分不开的。也因此，最好的训练方法，就是勇敢、真诚地介入现实①，而不是抱有侥幸心理，认为只要生活不给自己出难题，就不需要去训练自己。等到真正发现要用时，笨拙与愚蠢尽显。

要点小结

◆ 谈判或争取前，我们一定要先弄明白自己的"利益"。它不同于你表面上、直觉上想马上得到或实现的东西，即"想要"，而是"想要"背后的本质利益，即"需要"。它有"本质的、整体的、长远的"三个特点。

◆ 找到本质利益，可以帮助你坚持真正想要的东西，但在实现形式上保持灵活与开放，也可以帮你协调与对方在

---

① 项飙、吴琦著：《把自己作为方法：与项飙谈话》，22 页，上海，上海文艺出版社，2020。

利益上的冲突或不同。

◆ 梳理谈判利益时，根据"利益"是"本质的、整体的、长远的"这一大原则，追问自己的诉求是否合理；同时利用"5个为什么"法，确定本质利益。

第五章

分析对方需求，让交流更加顺畅

上一章中，我们分享了如何"紧抓利益，弄清楚自己的本质需求"，以便能在交流过程中，既能坚持真正想要的东西，又能在实现形式上保持灵活与开放。

第三选择思维，讲究的是双方的深入讨论与共创。因此，它天然地要求我们在谈判或争取过程中，要知己，也要知彼。但"知彼"不是瞎猜对方的心思，而是围绕着利益进行交流、探索、确定的过程。

在这一章中，我们会分享三个具体的方法，去发现和梳理对方的利益需求，理解对方的"想要"是什么，"需要"又是什么。

对方的利益诉求，不会写在脸上

在谈判或争取的过程中，我们经常会琢磨怎么才能让对方顺了自己的意，但任何有经验且通人情的朋友都知道，要让对方顺自己的意，就得先顺着对方的利益诉求来谈。否则，肯定推进不下去，更别提与对方一起创造第三选择，实现 1+1 > 2 了。

在开始之前，我们想先举个非常常见的生活中谈判的例子：房屋中介卖房。

      小刘是合家地产的销售，他的潜在客户是小陈夫妻，他的目标是要把老张夫妇的二手房卖给小陈夫妻。小刘已经带着房东老张与这对小夫妻谈了两次，和前几次一样，卖方想卖高价，买方想杀价。

      一开始，小刘用了前辈教他的各种中介技巧，归纳起来基本就是做一个两边倒的"和事佬"。比如，在老张夫妇面前，哄着他们说："叔叔阿姨放心，我一定帮你们好好和小陈他们谈谈，争取给你们卖个好价钱。你们看 500 万元合适吗？已经很高了。"反过来，在小陈夫妻面前，他又哄着他们说："你俩放心，我一定帮你们好好和老张他们谈谈，给你们争取个好价钱。你们看 500 万元合适吗？已经很低了。"

      但到最后，双方因为有 10 万元的差距，无论小刘再怎么努力将买卖双方往中间凑，双方就是僵在那谈不下去了。小刘也很灰心，感觉到手的佣金又要飞了。

在这场谈判里，小陈夫妻是甲方，老张夫妇是乙方，他们都是小刘这位丙方的客户。之所以举这个例子，是因为小刘如果要做成这单生意，需要同时把握两方的需求。可难的是，无论是小陈夫妻，还是老张夫妇，都只是不断重复表达他们各自看来合理，但放在一起就会起冲突的要求：一方想卖高价，一方想杀价。

这种情况，实在让人头疼。如果要解决这种冲突，就得想透一个问题：对方表达出来的要求，是他们真正的需求吗？

大概率，嘴上说的——或者说得更精确一些，就是你听到对方嘴上说的，与他们实际需要的，经常是两回事。事实上，这非常符合冰山原理，也就是 90% 的需求都不是显现在外的。为什么这样说呢？原因有如下三方面：

- 首先，很多人总会觉得自己的需求是合理的，而对方的需求都是"过分的""不合理的"，这种情绪上的自我，常常会让人不能平和、耐心地看待和分析对方的需求；
- 其次，即便对方告诉你想要 A，也并不代表他真的要 A，因为很有可能这只是某种带着情绪的气话，或者是他在尝试使用的一个谈判手段，当然，更常见的是他自己并不真的知道自己要什么；
- 最后，即便他知道自己的真实"需要"，但很多时候，因为他在谈判中代表着一个团队，甚至是整个公司或行业，他个人不一定能决定他所代表的集体的利益（这条规则，同样适用在生活中）。

另外，在中国文化语境下，很多时候外在的表达都不是真实意思的表述①，也让我们很难搞明白对方到底是什么需求。

看到这儿，你可能会想：既然对方的利益需求那么难把握，那咱也别瞎分析了，不如直接开谈，谈成什么样就什么样吧。

根据我们的观察，有一半以上的谈判者都有过这种心态。这就导致在谈判时，双方经常陷入脱离需求与利益的无用争论或争吵中。

> 不弄清需求就开谈，一定会被人牵着鼻子走，在不该拒绝的时候拒绝，在不该妥协的时候妥协。

那该怎么办呢？其实，和很多成长领域的难题一样，当一件事表面上看起来很难、很有挑战时，它背后往往藏着同等量级的机会。上面罗列的三个难题，恰恰给了你分析对方需求的思路，可以让你在谈判及争取前，分析清楚对方大部分的利益需求，从而提前做好相应的准备。

了解对方需求，才能扩大争取空间

"如果你坚持要这样，那我们没什么可谈的……""你非要如

---

① 翟学伟著：《中国人行动的逻辑》，55 页，北京，生活书店出版有限公司，2017。

此，我没什么和你聊的。"

　　这两句话，我们是不是在日常的工作与生活交流中经常听到？它们其实反映了一个非常普遍的谈判难题，那就是双方因为只盯着一个议题、一项利益，无形中被逼到角落里，从而导致谈判推进不下去。这样的谈判，用谈判的术语来说，就是谈判区间①非常小；而如果想要谈下去，就得学着扩大谈判区间。

　　那么，怎样才能扩大谈判区间呢？这绝对不是你让一步、我让一步那么简单，因为在谈判或日常的争取中，大家都会想办法保卫自己的利益。唯一从逻辑到实践上都成立的办法，就是让对方意识到，他真正想要的东西，不一定要在当前谈的条件中实现，而可以由不在当前谈的第三选择中实现。这一点，你可以通过第二章的内容有详细了解。

　　而要实现这样的效果，我们就得先学会动态地分析对方的需求——这发生在谈判开始之前，也随时发生在谈判的过程中，但关键的方法是一样的。

停止瞎猜心思，用好三大方法分析对方需求

　　在房屋中介的案例中，作为丙方的小刘，如果想成单，就得

---

① ［美］拉塞尔·科罗布金著：《谈判尺度：在博弈中实现双赢》，李矫译，6页，北京，中信出版社，2021。

摸透老张夫妇与小陈夫妻的利益需求。当然，这种能力可不只是房产中介需要，无论是在工作中促成合作，还是在生活中协调婆媳冲突，都非常考验理解对方本质需求的能力。如果你能在谈之前，提前分析对方的利益需求，就能在谈的过程中进行有效引导，避免浪费双方的时间与精力，从而更高效地促成谈判。

接下来，我们将向你介绍三个循序渐进的方法，帮你学会提前分析对方的利益需求。

用"白纸罗列法"，梳理对方的基本需求

所谓"白纸罗列法"，就是在一张白纸上（或者在一个电子文档中）逐一罗列你所能想到的与对方利益需求相关的信息。

你可能会说，这个方法也太简单了吧？可别小瞧这个方法，如果用得好，它可以帮你快速看明白对方大体的需求。

为什么呢？因为"写下来"是一个让人变得理性的过程，更是让自己的思维被看见的过程。一旦你沉下心来思考对方的利益需求并写下来时，你的大脑会自动帮你整理从各种渠道收集来的信息。

以案例中的小刘为例，他静下心来想老张夫妇的利益需求时，可能会想到：

- 老张夫妇肯定想要卖更好的价格；
- 但他们其实并不急着用钱，他们卖房是准备去儿子所在的

A 市养老；

- 听他们的儿子提到过，似乎他们在 A 市的新房要三个月后才能交房；
- 如果卖了房，老张夫妇现在无论在老家还是 A 市，似乎都没有住的地方。

如果看清了上面几个情况，小刘至少可以明确以下几点：

- 快速成交不是老张夫妇的需求；
- 老张夫妇可能想见到更多买家，好找到出价最高的人；
- 在新房还没准备好之前，老张夫妇是不会真正卖房的；
- 老张夫妇岁数大了，他们可能不太愿意为了快速成交而暂时租房过渡。

小刘这样梳理之后，脑子里就不会再像之前那样混乱、空洞，而是思路清楚地知道该怎么推进了。

好用的方法，不一定很复杂。虽然在纸上勾勾画画非常"原始"、简单，却符合人们罗列时的基本思维习惯。

遗憾的是，在我们的咨询或培训中，如果问学员谈判前是否会书面罗列与对方利益需求相关的信息，七成以上的人都说不会。细究原因，一是定不下心来去罗列，二是觉得自己足以用脑袋想清楚这些东西。前者说明很多人的确想争取，但又心浮气躁；后者说明大部分对"思维可见化"有误解。对我们来说，如果是要正式地争取或谈判，哪怕只花几分钟，也要沉心梳理对方及自己的需求。

在使用这个方法的过程中，你可能会碰到一个问题，那就是可能一下子会列出很多看起来都有可能的需求来。这时，该如何找到最有可能、对方也最重视的需求呢？你需要下面这个方法来帮忙。

用需求四象限图，寻找对方的"想要"与"需要"

我们在上一章中，讲到过"想要"与"需要"的关系。这组概念，除了可以帮我们看清自己的需求，也能用来更好地将对方的需求进行归类、提炼。只是你需要一个小工具，那就是"需求四象限图"（图 5-1）。

想要	不想要
需要	不需要

图 5-1 需求四象限图

先简单介绍一下这个工具。"想要"与"需要"的概念咱们已经介绍过，它们的反面就是"不想要"与"不需要"。"不想要"的事物，会让人们产生本能上的讨厌、排斥，比如，谁都不喜欢被当众批评；"不需要"的事物，则是人们经过理性评估，发现没有也行的东西。比如，光头用不着发胶。

有了这个工具之后，你就可以继续做两件事：

· 把你在第一步中罗列的点，分别填入这些象限中；
· 借助这四个象限，再细问自己忽视了什么，并展开进一步的调研与信息收集。

第一步很好处理，你只要对比想要、需要、不想要、不需要的标准，就基本能判断出来。比如，小刘可以把"卖更高的价格"放在"想要"象限里，因为谁都想要卖更高的价；把"租房过渡"放在"不想要"中，因为谁都不喜欢租房的麻烦，更别说是老两口了；把"快速成交"放在"不需要"象限里，因为"快速成交"本质上并不会给老两口创造利益。

第二步要费些心思进行分析，并且需要更多的调研。比如，小刘分析后发现，令老张夫妇非常痛苦的一个问题是：房子卖了住在哪里？解答了这个问题，很多问题就解决了，但这是他之前没想到过的。于是，他就可以把"有地方住，并且不是租房"写入"需要"的象限里（图5-2）。

想要 卖更高的价格	不想要 租房过渡
需要 有地方住， 并且不是租房	不需要 快速成交

图 5-2　老张夫妇需求四象限图

　　当然，为了提高分析的质量，你除了整理自己与谈判对象初步交流后获得的信息，还需要扩展渠道，用各种方式去打听、收集"情报"。比如，你可以：

· 通过网络进行调查，了解对方的实力，发现他们的弱势等；

· 也可以尝试向自己人脉圈里的相关人士打听与谈判相关的信息，这既包括了解对方的信息，也包括请教行业中的标准、规矩等；

· 还可以与自己的领导或团队一起讨论，使自己的分析更加全面。

　　在使用这个方法的过程中，有学员曾向我们反映还是不太容易区分"想要"与"需要"到底有什么不同。对此，我们有一个多年实践得来的体会：

> "想要"的东西都是表面上显得重要，但只要满足了本质上的"需要"，"想要"的东西就立马变得不重要了。

比如，有的人刚工作时，特别"想要"一块名表，以显得自己成熟、有品位；但其实，他本质上的"需要"是被身边的人认可。多年后，当自己的专业和成绩已经很棒时，也就不再有非得买块好表的"想要"了。

如果你发现自己实在无法区分某个需求是"想要"还是"需要"，那也不用着急，可以先将其放在"想要"里，这样，你可以有动力再去深挖背后的"需要"。

当然，无论是在生活还是工作中，区分"想要"与"需要"都需要一定的阅历。因此，在平时的各种争取或谈判场景中，多体会、多感受，也非常重要。

用"影响链分析"，更立体地分析对方的利益

通过前两个方法，你对对方的"想要"与"需要"应该有了一个整体的了解。为了更加准确地把握对方在谈判中的利益，你还要学一个进阶方法，那就是用"影响链"来分析对方利益的影响力关系。

原因很简单，每个人的利益诉求，无论是实质性的还是情绪性的，都受他所在的人际关系网影响。比如说，老张夫妇之所以

不想租房过渡，除了觉得自己岁数大了，不想太麻烦之外，更因为他们的儿子不同意他们太折腾；而他儿子不同意，很有可能是因为儿媳妇很坚持。再比如说，某次商业谈判虽然直接与你谈的人欣然同意了，但并不代表他的领导或者执行团队同意。

当你去观察各种谈判或争取的场景时，你会发现类似的影响关系普遍存在，特别是在升职、加薪、找项目这样的应用中。这时候，你就不能孤立地只分析你的直接谈判对象，而是需要去梳理他上上下下、里里外外的影响链关系。

怎么做到呢？你需要先后做以下四步：

· 确定谁是你最终要影响的谈判对象；

· 思考除了谈判对象，这个最终对象还会被哪些人影响？

· 我如何通过谈判对象及其他人间接影响最终对象？

· 这些人都关注哪些点？互相之间如何相互影响？我如何借力？

你有没有发现，这个工具其实是在帮你弄清两个点，一是"关系"，二是"处于关系中的利益"。这很容易让人联想起很多电影或小说中，人们通过威胁关系链中的一方，来改变谈判格局的场景。从技术上来说，这的确是可行的，但这样一来，你就会陷入"单赢"的局面中，你与对方的信任会就此毁掉，无法实现利益与信任的双赢。你可以想象，如果越级利用大老板的权威去让你的小主管迫于压力同意你的诉求，或让丈夫软磨硬泡使得婆婆不得不对你的诉求做出不情不愿的妥协，这以后的日子真的会好过吗？

因此，相比威胁，我们更建议用这个工具来引导对方改变利益诉求，比如，小刘也许可以和老张夫妇的儿子谈谈，让他帮助老两口解决住房的问题，这样，老张夫妇的诉求就会变化。当然，小刘也可以和小陈夫妻交流，说服他们推迟入住，让老张夫妇可以额外多住几个月，老张夫妇或许就可以因此而接受 10 万元钱的降价。这样，双方都能满足各自的需求。这些，都是借用"影响链"来创造第三选择的应用。

以上，就是分析对方需求的三个方法，它能在准备阶段帮你分析清楚对方大部分的利益需求；剩下的，就要在谈判现场讨论解决了。

要点小结

- ◆ 提前分析对方的利益需求，可以帮助我们在交流现场更好地引导双方将讨论聚焦在真正的需求上。
- ◆ 弄清对方的真正需求，可以让我们扩大谈判区间，实现第三选择。
- ◆ 在分析对方利益需求时，可以用三个方法：（1）"白纸罗列法"，也就是在一张白纸上（或者在一个电子文档中），逐一罗列你能想到的与对方利益需求相关的信息，进而进行取舍分析；（2）"需求四象限图"，将对方利益需求整理分类，并展开进一步的调研与信息收集，挖掘被忽视的需求，在此过程中，特别要注意通过与人交流，来做更好的判断；（3）"影响链分析"，分析对方利益背后的影响力关系，从而更精准地找到谈判的突破点。

第六章

提前梳理分歧，寻找争取与合作切入点

在此前两章中，我们拆解了分析自己与对方需求的方法，以便在知己知彼的基础上，更好地围绕真正的需求进行谈判或争取，也为双赢打下基础。但是，现实中大部分谈判的开始，都是源自双方在各自想要的东西上有冲突或分歧，否则又怎么会有谈判的需求呢？

事实上，只要是在关系中，分歧就无处不在。你想养成早睡的习惯，但你的另一半可能就想在睡前看会儿电视放松一下；你想多涨点工资，但你的老板可能还想裁员降薪，以降低成本。这样的冲突可大可小，因为表面上看起来无法调和，就会让人觉得一旦开始谈判，就肯定有一方赢一方输。

于是，在家庭中，无法得到自己想要的东西的一方，选择了"隐忍"，过得不开心也就罢了，还一厢情愿地把"隐忍"错当成美德，从而让家庭关系潜藏更严重的危机。而在工作中，因为得

不到，长期积压不满，势必会影响自己的工作与合作效率，这些落在老板眼里，就成了你产出差，所以不值得加薪，从而使你的发展也变得越来越糟糕。

这是不是都是分歧与冲突惹的祸？我们该怎样在谈判前多做一些准备来应对这些分歧？这就是本章要解决的问题。

分歧，是把蛋糕做大的起点

存在分歧几乎是所有谈判的共同特点。你想高价卖，对方想低价买；你想争取最多，对方想付出最少。可以说，正是因为存在分歧与冲突，才推动你去谈判。在谈判准备阶段，如果能提前找到双方可能会出现的分歧，你就能提前思考解决问题的方案，为化解分歧做好准备。

咱们先来看一个案例：

赵经理是 KD 广告公司的业务负责人，他日常的主要工作是为客户提供广告策划和制作服务。有一天，一直为他提供拍摄服务的张先生找到赵经理，说要好好谈谈两家公司未来的合作问题。双方在账期的长短上一直有分歧。

在张先生看来，赵经理给他们付款的账期太长了。按照目前双方的合同规定，张先生的摄影公司会在合作完成且等 KD 公司收到客户付款后的 60 个工作日内，才能收到费用。

但由于拍摄本来就要较长时间的准备，加上后期的剪辑、修改和反复确认，他们经常要等个一年半载才能收到付款。张先生认为这完全不符合市场规律，也影响他们公司的运营。

但是，对赵经理来说，合同上的付款条款是 KD 公司的政策。因为一般情况下，KD 的客户也是这样给他们付款的。赵经理在 KD 公司工作已经 5 年多了，从来没有见过有谁能成功地让财务改变政策、修改账期。再说了，赵经理觉得 KD 也算是圈里的大公司，一定不会赖别人的账，而且这个账期在这个行业也很正常。

站在双方各自的立场看，他们的利益诉求都有道理，但分歧就这样产生了。好在赵经理是一位成熟的谈判者，在开始谈之前做了充分的准备，提前对双方存在的分歧进行了分析，并准备好了化解分歧的方案。

赵经理首先澄清了张先生的诉求，确认对方只是想缩短账期。然后，他表达了对张先生所面临问题的理解，告诉他如果不是他说清楚，自己还真没意识到付款周期给张先生的工作带来了困扰。最重要的是，赵经理向张先生提议，可以在报价的基础上加收 10% 作为储备款，以给他更多的安全感。同时，双方一起负责记录清楚，最后以实际支出来结算，多余的钱可以继续用在后期的服务中。

这样一来，双方都达到了自己的目的：张先生有了更多的安全感，不再纠结账期的事；赵经理没有让公司修改政策，也没有增加实际的成本。分歧得到了化解，张先生也很佩服赵经理的灵活与信任，双方的合作也加深了。

现实中，受小蛋糕偏见（small-pie bias）的影响[1]，我们经常会不自觉地认为对方不愿意妥协，但事实上，只要我们有足够的创造力与灵活性，对方是非常愿意在原来坚持不让步的地方进行调整的。

作为谈判老手，赵经理通过提前对谈判双方的潜在分歧进行分析，顺利化解了冲突，加深了双方的合作，把蛋糕做大了。

潜在分歧看不见摸不着，在谈判准备阶段，我们如何提前找到双方的潜在分歧呢？要做到这一点，我们需要首先了解谈判中的几类典型分歧，来获得发现潜在分歧的线索。

认清潜在分歧，让自己在争取中更成熟

根据多年的谈判学习和实践经验，我们把谈判中的分歧分为三类：理解不一致、情绪不对路和需求不协调。接下来，我们会为你一一拆解这三种典型的分歧，从而帮助你获得快速识别它们的能力。

---

[1] Larrick, Richard P. and Wu, George, Claiming a Large Slice of a Small Pie: Asymmetric Disconfirmation in Negotiation (December 2005). Journal of Personality and Social Psychology.

学会识别谈判中的三种典型分歧

1. 理解不一致

谈判中的第一种典型分歧是"理解不一致"。在谈判中，谈判双方或多方对同一件事，理解可能会很不一样。主要有下面几种情况：

- 各方对某一个事实的真相到底是怎样的，理解得不一样（比如，在与客户争吵成本到底有多高、服务团队有多好时，经常会出现双方理解千差万别的情况）。
- 各方对某一方的意图到底是什么，理解得不一样（比如，谈判时你为了表示关心，好心想多了解对方，而对方却觉得你是在恶意套取他的信息；你主动去帮对方想低成本的解决方案，对方可能觉得你是不愿意投入）。
- 各方对某一观点或态度的是非对错，理解得不一样（比如，你在谈判中可能会坚持公平原则，要参考市场上的标准来展开谈判，而甲方却认为这桩生意是他赏你饭吃，所以不在意你的公平）。

总结说来，在谈判中，不同的视角决定了不同的理解，这些理解上的不同，造成了谈判中很大一部分的分歧。反过来，如果能解决掉这些理解上的不同，就能更好地让双方将精力与对话聚焦在商量解决方案、创造"第三选择"的可能性上，而不是来来回回为分歧而争论。

2. 情绪不对路

第二种典型分歧是情绪不对路。这种分歧可能不太好理解，我们来看一个例子。

有一年，我们在年底时和客户C小姐针对某项目的进度展开了一次谈判。这么多年来，我们自认为对服务客户时的项目及进度管理还是做得非常不错的。所以，当客户那边对进度很焦虑，不断让我们加快进度时，我们显得非常淡定，安慰客户不用着急，主要工作都在掌握之中。

按说，客户应该对我们的临危不乱表示满意与感谢。但结果你猜怎么着？C小姐直接在老板面前投诉了我们，原因居然是觉得我们一点也不像她一样着急，在项目那么忙的时候，还跟她油嘴滑舌，哄她别着急！

我们当时都被弄郁闷了，但回过头去看，很大的一个原因是因为情绪不对路。C小姐那么着急，但我们没有理解她的着急，还一直在传递一个信息：她的着急不对，也没用。你说，从她的角度来看，是不是也很窝火？

谈判中会有各种各样的情绪，无论是哪一种情绪，如果你不能在情绪上与对方保持在同一个频道，你们的谈判就无法进行下去。比如，对方在努力向你说明，已经在尽力协调公司内部不同部门，帮你把价格降低，他其实是在期待被你认可、感激。这种时候，如果你完全不照顾这种情绪，你们就很容易产生分歧和争吵。

生活中更是如此。父母或另一半跟你说一件事，并表达了相应的焦虑、着急或气愤，但在你眼里，可能这些情绪都属于小题大做。这时，如果你不去认可或尊重这份情绪，那么所有的讲理或争取，都将失败。

3. 需求不协调

第三类分歧是需求不协调，这个很好理解，就是各方在谈判中要的东西不一样。比如，针对一件市场价 10 元钱的东西，你想要 12 元钱卖出，对方却想要 8 元钱买入，双方在谈判现场谁也不愿意让步，都说你必须要先满足我的需求，我才愿意让步。这种需求的不协调，会直接导致谈判陷入僵局。

读到这儿，你可能会觉得这才是谈判中最常见的分歧，为什么要放到最后一个讲呢？其实，表面上看，它的确是最直接、最常见的分歧，但是，当我们仔细去分析"需求不协调"这个分歧时，很多时候它其实是"理解不一致"和"情绪不对路"的混合体。

比如，为什么对方想以 8 元钱来买入 10 元钱的东西？原因既可能是因为对方真的不理解市场上它值 10 元钱这个事实，也可能是因为他上一次与你合作吃过亏，一直憋着情绪，故意想要以8元钱来买你的东西。

以上，是在谈判或争取中，最常见的三种分歧。那它们是怎么出现的呢？

分歧是怎么出现的？

对我们夫妻俩来说，谈判与争取表面上虽然是一种以沟通为主的技能，但本质却是对人类合作精神及落地的探索。为什么明明合作会带来更大效益，但人们就是不合作呢？

在谈判中，分歧出现的原因主要有三个，它们分别是"主观臆断""思维狭隘"以及"只顾自己"。先要说明的是，这三个原因不是单独出现、一一对应地导致了我们说的三种最典型的分歧。大部分情况下，它们是综合起来发挥作用的。

1. 主观臆断

说白了就是凭着感觉瞎猜。在真实的谈判中，很多谈判者都会想当然地下一些结论。比如，如果对方是购买服务，就一定会觉得他要找价格便宜的，但现实中，也有很多人在做购买决策时，恰恰会选价格高、质量也高的服务。再比如，很多服务的购买方会想当然地认为"无奸不商"，但在现实中，我们也见过很多乙方为客户尽心尽责，专业靠谱，还做了很多超出合同范围的事。如果不根据现实情境加以分析，随便依据自己的主观臆断来瞎猜对方对事实的理解、意图或态度，就很可能会误判，也会破坏信任基础。

2. 思维狭隘

这是一个比主观臆断常见的原因。在谈判中，最典型的表现就是只能看到表面需求。比如，想从供应商那里争取更多利益，只能想到砍价；自己想卖东西或提议一种想法时，就只能想到让对方直接买自己的东西或接受自己的想法。这样的谈判者，思维非常不灵活，不会去寻找更大、更多的可能。如果你碰上了思维受限的谈判者，那你自己就得成为打开思路、扩大谈判可能的那个人。

3. 只顾自己

这一点比主观臆断和思维狭隘更常见。我们在最开始就分析过，如果谈判双方都"只顾自己"，那么谈判就会变成"零和博弈"，完全不会有从双方的立场创造合作的可能。在现实中，很少有人会在谈判前先想：对方需要什么？我需要做些什么满足对方的需求，最终满足自己的需求？你有没有发现，这两个问题，其实就是在尊重分歧的前提下，找到合作的可能。

如何在开谈前就消除潜在分歧？

了解了谈判中的潜在分歧和导致分歧的原因，接下来，我们给你分享一个好用的工具——潜在分歧消除圆环（图6-1），来帮你在准备阶段，就为解决谈判中的潜在分歧做好准备，从而在谈判现场能更好地应对冲突，达成合作。

这个工具之所以被称作"圆环"，是因为它包含了3个需要循环使用的步骤，分别是：

· 寻找潜在分歧
· 思考应对方法
· 提前采取行动

这三个步骤在应用的时候是一个循环的过程，你可以先试着用它们分析一轮，在得出一些结论后，再重复这个过程。准备越充分，你在谈判或争取时就会越从容。

图6-1　潜在分歧消除圆环

第一步：寻找潜在分歧

在这一步中，你可以以三种典型分歧为基础，通过问以下问题，客观分析在即将开展的谈判中存在的分歧。

表 6-1 三种典型分歧与针对性提问

分歧类型	问题	示例 （以案例中赵经理的视角为例）
理解 不一致	在某些事实上，我与对方是否存在可能的理解分歧？	关于账期多长算长、多短算短理解不同。
	我与对方是否会理解错各自的意图？	张先生是否会认为我们故意拖着付款？
	我与对方是否坚持不一样的观点或态度？	张先生坚持认为 60 天付款根本不符合市场规律。
情绪 不对路	对方可能会被激起哪些情绪？	张先生也许会很失望、很生气。
	我做什么、说什么，可能会激化对方的情绪？	如果我不认可张先生的情绪，很可能导致谈判直接进入争吵中。
需求 不协调	我与对方在直接需求上，会存在哪些不同？	除了缩短账期，他是否还要求提高价格？

第二步：思考应对方法

要想解决谈判中的分歧，既需要在谈判现场一起合作，探讨解决方案，也需要提前为解决分歧、达成共识做好准备。就三类典型分歧而言，"理解不一致"和"情绪不对路"更多是需要在了解潜在分歧之后，在谈判现场进行有意识的处理，具体的方法我们会在后面的章节中讲到。"需求不协调"则不同，它尤其需要我们在谈判准备阶段就思考解决方案。你可以尝试用下面两个方法，提前思考解决这类分歧的方案。

耐心、诚实地寻找真正的共同利益

我们一直强调，寻找"真正利益"在谈判或争取中非常重要。在实践中，它需要我们能耐心地用前面介绍过的"需求四象限图"等方法去分析，我们觉得另一个非常重要的操作要点就是"诚实"。

谈判或争取，都是发生在人际关系中的。一旦涉及关系，我们经常会不自觉地顾及面子以及感受。这既包括自己的面子与感受，也包括对方的。这样一来，就会消耗我们找到真正利益的注意力与精力。

比如，案例中的张先生想缩短账期，背后真正的利益需求是想提高安全感；而对赵经理来说，他同样希望在不显著增加成本的前提下，供应商能提供某种确定性。同时满足双方的安全感与确定性，才是双方真正的共同利益。在他们的合作中，从钱上想办法是满足这个共同利益最直接的方式，也是最诚实的方式。

在现实中，如果不诚实地尊重这一点，就可能会在谈判中出现一方大讲"我已经非常有诚意了，你就不能也支持一下"，另一方强调"我已经非常支持你的生意了，你就不能照顾我一下"这样听起来重要，但没有任何实质意义的对话。

思考实现需求的多种形式，从而"把蛋糕做大"

找到了真正的利益之后，下一步就是试着"把蛋糕做大"，把谈判范围扩大。正如前面说到的，很多分歧的产生是因为"思维狭隘"，要突破思维上的狭隘，就只能让自己及对方都实实在在地看到饼可以做大这一现实。在案例中，赵经理没有只纠结在付款账期这一个细节上，而是直接跳出限制，提出让张先生在报价上加收 10% 的储备款，就是典型的"把蛋糕做大"。

有很多学员跟我们反馈，说这个方法听上去很对，但平时在用的时候，不知道该怎样才能把蛋糕做大。其实，你可以通过问自己一个问题，来提升这方面的思维能力：

> 除了眼前的路子，还有什么其他形式可以满足我们双方的需求？

这个问题，可以指引我们区分需求和实现需求的形式。比如，你的另一半可能每周都想叫你一起出去玩，但你觉得费时费力，表示无法满足。但事实上，对方的需求是陪伴，但实现陪伴的方式不一定要出去玩，在家里、在社区附近也能有很多可能性，一起逛菜市场买最新鲜的菜，回家练习厨艺等都可以实现高质量的陪伴。

这样的思路，在工作上也是如此。如果短时间内争取不到升职或加薪，你可以回归到自己的需求——也就是成长及其所需要的资源。从这点出发，就可以有很多可实现的形式。我们自己就在十多年的职场生涯中，用这样的思路争取到过自己感兴趣的专业项目、资深老板们手把手的辅导、出去参加论坛学习交流的资金与时间支持等。虽然它们不是马上到手的工资，却更实质性地支持了我们的职业发展，最终也体现在了更名副其实的升职与加薪上。

当然，要做到这样的状态，离不开两方甚至多方的深入、坦诚沟通。"沟通"二字听上去虽然很平凡，但它却是促成合作的7个关键要素之一 [①]。我们说的第三选择，也离不开充分但又有创造性的沟通。

第三步：提前采取行动

很多人对谈判的准备工作有一些误解，以为只是想想清楚该怎么谈就可以。其实，无论是把蛋糕做大，还是找到共同利益，这些方法都需要提前做一些准备来验证自己的思路，或让自己的思路落地。

比如，案例中，赵经理在想到"提高 10% 的报价"这个把蛋糕做大的方法后，提前问了公司采购及财务部是否可行，在得到了认可之后，这才算是一个能落地的化解分歧的方案；而寻找共

---

① [美]尤查·本科勒著：《合作的财富：获取合作红利的7个关键要素》，简学译，杭州，浙江人民出版社，2018。7个要素包括：基因和文化的协同进化、心理影响与社会影响、共情和群体认同、沟通、公平、道德与行为规范、动机导向的奖惩制度。

同利益，也需要提前打听消息、收集信息，分析对方的需求到底是什么。

生活中更是如此。所谓的争取，无论是让对方多干些家务、更上进一些，还是多关注一下孩子、多陪陪自己，其实都需要具体的落地项目或行动。提前看看周边有哪些有意思的事，哪些恋爱初期的兴趣可以捡回来，哪些事情可以让爸妈开心……你在平时思考、积累得越多，那么实现顺心相处的资源与方案就能越来越充沛——这应该是一种真正的富裕吧？

无论是哪一种应对方法，都需要你在开始谈和争之前，先动起来，做些具体的事，扩大谈判可能性和双方合作的空间。

以上就是在谈判或争取的准备阶段，为消除可能的分歧提前做好准备的三步法。循环使用这个三步法，可以帮助你不断发现可能的潜在分歧，为应对谈判中的分歧做好充分的准备。

要点小结

- 谈判中，分歧普遍存在，"理解不一致""情绪不对路"以及"需求不协调"构成了谈判中的三种最典型的分歧，是引发现场谈判冲突的导火索。
- 导致这些分歧的原因主要有三个，分别是"主观臆断""思维狭隘"以及"只顾自己"。

◆ 在准备谈判时，你可以循环使用"潜在分歧消除圆环"，
通过"寻找真正的共同利益"，"把蛋糕做大"和提前采
取行动，为化解分歧做准备。

第三部分

聊明白 | 享受做大蛋糕

✕

用第三选择思维争取的过程，是一个充分交流、激发合作的过程。在"想清楚"的前提下，我们要敢于、善于向对方表达自己的需求、讨论对方的需求，并在冲突出现时，能够充满想象力与创意地找到解决方案。只有这样，才能将关键问题"聊明白"，从而促成第三选择的产生。这个过程中，有力、得体的"说"与"听"的能力，就成了必须练习的基础能力。

第七章

大方说清楚要什么，是种硬实力

谈判或争取中，有很多细想起来既有趣又讽刺的事，其中一件就是"口是心非"，故意不说自己的需求，或故意说得与自己真正想的相反。

比如，你和同事老陈出去跟人谈合作，你们明明就是看重人家手上的资源，没有这些资源，你们的生意就做不成，但在谈判中，老陈却故意不提资源的事儿，显得自己并不在乎似的，生怕被对方发现你们的"老底儿"来提价。当然，这样的情况可能也会反过来：对方老王明明就是想告诉你他没那么多钱，想让你降些价，但他就是不提钱的事，跟你兜着圈子说现在生意有多么不容易、成本有多高。

类似这样的事儿，谈判桌上一直在发生。在生活中更是如此，明明在乎的东西，会故意说不在乎；明明生气了，却说自己没生气。这样的沟通习惯，导致了大量无效谈判与争取的发生。在这一章中，我们将为你分析为什么上来就说清楚自己的诉求是一项更明智的策略，以及怎样做才能确保自己真正说清诉求。

不愿意讲明白自己的需求，背后的原因非常复杂，特别是对于中国人来说，整体的文化心理结构中有很大的"面子"负担[①]，会觉得赤裸裸讲明白自己要什么，是一件不太"有面儿"的事，会降低自己在他人心目中的地位。同时，很多人还会表现出另一种行为，那就喜欢虚张声势或口是心非，实现印象整饰。这都是为了在对方心目中留下好印象的心理现象。

但这样的行为，对谈判或争取，有没有效果呢？

虚张声势或口是心非，为什么最终会失效？

其实，谁都讨厌这样的谈判伙伴和对手，不仅浪费时间，无法真正促成谈判，也很不体面，让人看不上。但为什么总会出现这种口是心非的现象呢？

原因之一，是太多人受了所谓传统谈判技巧的影响，既有"不行装行"的虚张声势，也有"能而不能"的故意诉苦。这种现象，经由影视或文学作品的渲染，加上身边领导、前辈的不佳引导，就会让很多人觉得这些才是真正的谈判技巧。

原因之二，是来自人性中的"侥幸心理"。越是不习惯尊重规则及正直品格的人，就越会在各种地方占小便宜。谈判或争取中

---

① 翟学伟著：《中国人行动的逻辑》，66 页，北京，生活书店出版有限公司，2017.

也是如此，他们会希望自己凭自己的小聪明、厚脸皮得到一些原本得不到的小实惠——当然，是以牺牲对方的利益为前提的。

我们当然不能说它们完全无效，是否有效需要基于你的目标与出发点来评估。如果你要的是短期的一锤子买卖，从此江湖上、生活中再不相见，那这些方法或许会管些用。然而，在当今的职场中，圈子都很小，这种只看眼前的行为，只会让人在圈子里越来越不好过；而在生活中，从自己的家人、朋友身上占得一些便宜，最终会付出渐渐失去人心的代价。

上面的分析，还都只是站在万一有一天穿帮了，别人怎么看自己以及会有哪些损失这样的"自私"的角度来说的。我们想特别提醒你的是：

> 如果你在难得的谈判或争取机会中，习惯了这样的心态与行为，其实就等同于主动放弃了训练自己通过谈判与对方一起创造更多利益、形成更坚实的信任关系的机会。

毕竟，没有一项能力与素养不是通过训练能获得的。大大方方说清楚自己要什么，正是这样一种能力。

说清楚要什么，是表达合作意愿最快的方式

说清楚自己的利益，既是一种心态，也是一项能力，它是与

对方进行第三选择共创、实现争取的前提。它要求我们把自己的本质利益大大方方地亮在台面上，而不是互相猜对方的心思，特别是要先做到不要让对方去猜自己的心思。它至少要满足两个条件：

· 我们所说的"利益"，是最本质的利益诉求，而不是表面上想要的（或至少不能让"想要"盖过"需要"）；
· 能把自己的"需要"表达清楚，确保对方能听懂。

但是，在谈判或任何争取的过程中，大大方方地把自己的利益亮在台面上，可不是件容易的事，太多人把精力放在"姿态"的表达上。举个例子，很多人谈判时经常提到"诚意"这个词，比如："你看，我们已经表示出这么大的诚意了，也希望你们能对这次合作表现出些诚意来！"

那"诚意"到底是什么呢？很多时候，"诚意"顶多意味着你在姿态上很坦诚，但它并不等于你做到了清晰的诉求表达。更糟糕的是，这种一味强调诚意的沟通方式，不但起不到你想要的作用，反而可能引发对方的抵触，他可能会想："你是什么意思？难道质疑我们的诚意？"

生活中更是如此。我们听到太多"你能不能上点心？""你能不能考虑考虑我的感受？"等看似在强烈表达诉求的话，实际上不但不会让对方听明白你到底要什么，还会让对方觉得你只是在发泄情绪。

那为什么在谈判或争取过程中，会不自觉地出现这种"说不清楚"的情况呢？原因有三方面：

- 很多时候，由于担心被别人抓住软肋，即便知道自己的本质利益，也不太愿意说清楚；
- 即便我们愿意说清楚，也未必就有能力清晰、有力地表达清楚；
- 而即使自己表达清楚了，也并不代表对方能理解你所要的利益——对方眼界太窄，或故意装傻，都会导致这一结果。

这三层关系，看上去可能有些绕，但在现实的谈判或争取中，却无时无刻不在发生。无论是故意不说清楚，还是能力上说不清楚，其实最后都影响自己对利益的争取。为了突破这一点，我们首先要在意识上先进行突破，让自己有主动先表达的胆略——这一感悟，是我们阅读《鬼谷子》得来的。书中有这样一个观点：如果想要了解对方，就一定要在对话中先主动表达。

我们一开始也不是很理解，但慢慢在实践中摸索时，才发现只有主动清晰地表达自己，才能激发对方表达更多，从而帮你更加理解他的需求。我们还发现，越是能大大方方讲明白自己诉求的人，越能引导对方与自己一起评估、讨论解决方法，别人也越愿意与他们合作。

可以说，清楚地表达自己，是一个高手才会主动选择去做的策略性动作，它既能提升谈判或争取的效率，也能更好地赢得对方尊重，建立信任关系。值得注意的是，作为一名成熟的谈判者，在某些场合（特别是商业谈判上）表达自己的需求时，也需要注意技巧。

比如，在商业谈判中，谁先报价？对这一问题，并没有一个明确的答案，它复杂地取决于双方各自的替代方案，以及对对方风格（是讲道理的理性人，还是习惯江湖式打法的老油条）的分析。虽然我们不鼓励把一个明确的绝对数字先报出来，但还是建议你至少把自己合理期待的价格区间先报出来，而不是故意报低或狮子大开口，这对谈判的推进与信任关系的建立都不好。

怎样才能讲清需求，还能让对方与你合作？

那么，怎样才能做到既清楚地表达自己的需求，同时又不会损害自己的利益，将自己置于危险的境地呢？要做到这一点，我们需要以下三个技巧。

技巧一：自信但真诚地展现自己希望与对方合作

我们在研究中发现，很多人不愿意说清楚自己的利益需求，主要是因为有一种别扭的心理：如果在谈判中有一手好牌，我得藏着；如果手里是一手烂牌，我也得藏着。这两种情况在心态上其实都一样，那就是怕输、想赢。

第三选择式谈判追求的不是谁赢过谁，而是互相置换手上的牌，盘活资源，实现利益，放大价值，交好朋友。所以，我们才会建议你一上来就自信、清楚地说出自己的需求。

比如，有一次我们的一位朋友和外部的伙伴谈合作。尽管他所在的公司很大，但在这个项目领域，对方比他们要强很多。一般人的处理方式，要么会选择虚张声势，贬低对方的价值，来博得一个好价钱，要么是遮遮掩掩，因为怕对方利用自己是大公司而狮子大开口，但他选择上来就说：

> 虽然我们是大公司，但在这个项目上，贵司有很大的价值。我们需要你们公司的专业能力，也就是你们团队成员的经验、你们服务过的案例，以及你们手上的资源。你看看咱们怎么合作，才能既满足我们的需求，又能让你们赚到你们想要的，未来还能长期合作？

结果你猜怎么着？对方看到了我们这位朋友对他们专业的尊重和认可，从他清楚的需求表达中感受到了想合作的愿望，自然也就不用再摆出更高的姿态来强调他们的优势和价值，而是也以诚恳的交流作为回应。于是，双方并没有虚情假意地胡侃一通，直接进入了双方可以拿出什么来实现合作的讨论，既高效，又能快速建立关系。

为了方便你更好地上手，我们总结了下面的 3 个步骤，以便你在讲自己的需求时，能做到清楚利落、自信大方：

· 摆正自己的位置（比如，上来说清楚自己虽是大公司，但这个项目需要对方的专业支持）；

· 清楚地表达对对方优势的肯定与欣赏（这样一来，对方就不用费尽心思跟你强调他们有多厉害，从而争取谈判筹码了）；

· 直接引向对解决方案的讨论（比如，在案例中，"咱们怎么合作，才能既满足我们的需求，又能让你们赚到你们想要的，未来还能长期合作？"就是这个用意）。

技巧二：用 3W 表达结构，讲明白自己具体要什么

相比心态上的别扭，另外一个导致谈判双方不能说清楚自己利益的原因，其实是个很明显的硬伤，那就是语言表达能力。

不知道你有没有发现，在交流需求时，经常有人啰里啰唆说了半天，却没有重点、说不清楚，比如下面这个例子：

"我们领导很重视，特意找我讨论了这个项目，我们也非常想把这个项目做好。我们领导希望能够与你们好好合作，你们也有很大的机会，这个项目也很有前途，也希望你们能多优惠一些……"

抓住利益，才能高效争取，并避免不开心

在听我们的线上谈判课时，很多学员都问过一个问题：老师，我一想到要去争，就觉得会让自己和别人不开心，而最终，既没争取成功，又破坏了关系，我是不是要放弃争取？

这其实是很多人在谈判或争取时都有的心态。要解决这个问题，先得想明白：在你过去的谈判或争取经历中，有多少次对方是真的理解你到底要什么？

为什么别人总是不理解自己的诉求？

很多时候，我们的争取，常常被误解为是在闹情绪、要求过多，而你可能也解释不清楚，只能争辩说"我并不是要……"。出现这种情形，当然有沟通现场双方都比较着急，导致说不清楚的情况；但深究下去，更重要的原因，又会回到"我们自己都还没弄清楚自己的本质利益诉求是什么"这个基本问题上。

"想要"与"需要"是一组思维工具，但在我们的教学与咨询中，有很多人在理解了这两者的区别之后，会说："我得到'想要'就够了，干吗纠结自己真正的'需要'呢！"

每次听到这样的反馈，我们都有一种"怒其不争"的感觉。因为在实践中，如果你自己都不去追求"需要"、追求真正的本质利益，那就没办法在谈判过程中做到灵活、开放，而只会与对方硬争，最后陷入不可调和的冲突中。

这段话说得兜兜转转，听的人注意力早被分散了，还怎么能准确地理解你的需求呢？其实，这段啰里啰唆的话，可以这样来说：

"我们领导很重视这个项目，他希望贵公司在价格上能有合理的优惠；对我来说，是想尽快与你们开展这个项目。一旦咱们顺利地一起合作了第一个项目，未来的合作就好谈了。"

在讲清楚"我要什么"的基础上，要让对方能清楚理解你的利益需求，你还可以进一步讲明白，你想让对方做些什么、怎么做。这时候，你可以套用 what、why、how 这个 3W 表达结构（也就是说明白是什么、为什么、怎么做），来具体解释你的需求。

比如，你可以继续说：

"另外，我想特别说明一下我期待的'尽快开展'。我的意思并不是指全线开工，而是从最关键的三项工作先开始（这句话是在讲'是什么'）。原因是我们相信先从关键的基础性工作开始，既可以加快项目后期的速度，也能让双方在合作初期就有机会磨合，并控制成本投入（这句话是在说'为什么'）。因此，我希望辛苦你们做的是：先从你们的专业角度，建议我哪三项工作是最关键的基础工作（这句话说的是'怎么做'）。"

技巧三：平衡好"三有"——有礼、有理、有力

清楚、自信地表达，并不代表你可以在表达自己利益的时候，说话太冲、太刺耳。谈判表面上是一个语言交互的过程，本质上其实是信息与情绪两条线在交互。如果说话太冲，很可能会激起对方反抗或厌恶的情绪，导致情绪通路堵塞，最后整个交互停滞。

举个例子来说，你有没有在谈判中听到过这样的话："我们已经够有诚意了，你们就不能痛痛快快地降点儿价？"这句话，虽然也能表达你希望降价的利益需求，但它在现场交流中，更多的是传递对对方的指责与埋怨，好像对方辜负了你们的诚意，所以对方一定会想办法来反驳你的指责，回敬你一句："我们公司就是这样规定的，没办法降价。"生活中也是如此。妻子对丈夫说："你能不能下次做家务认真一些？"丈夫生气地回应说："你要嫌我干得不干净，你自己做啊！"

你看，无论是职场还是生活中，如果对话是这样进行的，就完全没办法谈了。更何况，就像心理学家发现的那样：人们在做决定时，往往依据的是对哪个选项感觉更好，而不是完全的理性分析[①]。因此，我们更需要在交流过程中，为自己提出的方案，也为提出方案的方式，打造更好的情绪基础。

表达自己的需求，需要诚恳有礼，也要有理有据，更要坚定有力。刚才这句话，你也许可以这样来说：

---

① Luiz Pessoa, On the Relationship Between Emotion and Cognition, Nature Reviews Neuroscience, March 2008.

"在咱们的合作中，我非常期待你们在价格上更优惠一些。因为你们每降 3 个百分点，就可以让我们的运营总成本节省 10 个百分点，这样一年下来，我们就可以用省下来的钱，至少多启动一个项目，最后你们也可以赚到更多的利润。您觉得呢？"

同样，妻子的话可以这样说：

"你分担了一些家务，能让我有机会休息一下，我很感激。但有几次你洗完碗后，碗壁上还有没洗下去的污渍。所以你下次能不能在冲洗时多看一下，尽量一次洗干净？这样，咱们用的时候也不用总是再洗一遍了。"

你听听，这叫温文尔雅地用脑子说话，它能平衡好我们在工作与生活中都追求的"三有"：有礼、有理、有力，也就是：

· 语言上，多用客气的表述，比如，例句中的"我很感激""您觉得呢"等；
· 内容上，多用客观数据、本质规律、事实现象等，来证明你的要求是有利于达成双方本质利益的，比如例句中对双方利润的推导；
· 态度上，要干脆、有力，当你讲清楚你需求背后的原因，特别是对双方的好处之后，你和对方是平等的，而且你是在主动带着对方解决问题，所以，你完全可以非常坚定、有力。

在实践过程中，你可以综合使用以上三个方法，既清楚地表达自己的合作意愿，也为之后具体讨论如何通过双方的努力达成自己的诉求打下基础。

要点小结

- 说清利益是一个策略性动作，它可以让双方在谈判中减少或避免分歧，并提高对方表达的积极性，为双方共创第三选择打好基础。

- 无论是在工作还是生活中，如果开始谈判或争取，我们建议你能通过清楚的表达，确保对方能听懂。

- 在技巧上，你可以：（1）放下输赢心，先自信、清晰地表达自己的求助身份，讲明白自己期待什么样的解决方案；（2）用 3W 表达结构，即 what、why、how，也就是"是什么""为什么""怎么做"，讲明白自己具体要什么；（3）做好有礼、有理、有力的平衡，也就是要诚恳有礼，也要有理有据，更要坚定有力。

第八章

瞎猜对方心思，不如共同讨论清楚需求

上一章，我们介绍了如何在谈判现场自信、清楚地说明白自己的利益需求，来帮助自己和对方省下更多的时间与精力。这是一项很重要的能力，但你能做到清楚表达，并不代表谈判对方也能做到。如果他们讲不清楚需求，那该怎么办呢？如果对方故意不告诉你他是怎么想的，又该怎么办呢？

这一章，我们想分享的技能就是为了应对这样的情景：不管别人能不能讲清楚、有没有讲清楚，你都能让他们在你的引导下，清清楚楚地讲明白他们的利益需求。这项能力，概括起来就叫"通过积极聆听，引导对方说清楚利益需求"。

这当然是一项技巧，但我们想强调的是：一个愿意且有能力倾听对方的人，其实是深谙合作与关系之道的高手。因为他首先知道合作是为了实现双方的利益，越让对方把需求表达清楚，就越能推进合作；他更知道在与人建立关系的过程中，越能先把自

已放一边，耐心让对方感受到需求被认真关注到，就越符合信任规律，获得对方的信任。有了这两者，我们就能推进谈判与争取进入更流畅的轨道。

因此，积极聆听不仅是我们在学习谈判与争取时需要训练的一项高阶能力，也是我们在日常工作和生活中需要不断打磨和提升的一种心态和修养。

"积极聆听"是种什么高级技能？

不知道你有没有碰到过这样的人：他们看起来并不强势，在开始谈判或争取时，话也不太多。但是，他们看似不经意的提问或接话，却总能引导对话的走向。

在我们曾经供职的一家大型营销机构中，有一位总监 J 先生，他就是这样一位高手。再刁钻的客户也很尊敬他，因为他总是会议室里那个最冷静、淡定，靠问问题就能把双方的需求梳理清楚的人。我们现在回过头去看他掌握的这项本事，其实就是本章的主题：积极聆听。

所谓"积极聆听"，是把聆听理解为一个双向的过程，是通过有技巧地开口，促成真正有意义的信息接收，而不是你单方面地闭嘴、傻听。而这里要"聆听"的内容，不仅仅指对方说了什么，还要在倾听对方嘴上说的同时观察对方的身体语言，解读对方话里的话。

好的谈判或争取，是双方或多方一起向前创造的过程。但你有没有想过，是什么推进大家在谈的过程中，一路往前？

答案是有用的信息，以及激励人的正向情绪。

> 有用的信息及激励人的正向情绪，可以让人看到利益实现的可能性，使人愿意与眼前人共同去创造这些利益。

"积极聆听"能够帮助你在听对方说的同时，也与对方产生互动与反馈，既鼓励对方说得更多、更清楚，也确保对方情绪平稳，觉得跟你能聊到一起去，感受到某种归属感[①]。只有这样，在谈的过程中，信息流与情绪流才能都顺畅地发出与接收，实现高效沟通。如果你只是闭嘴式地听，哪怕再真诚，对话都可能只是单向的，甚至卡在那里，很难进行下去。

了解对方需求最容易犯的两种错误

在谈判或争取时，当进入了解对方利益需求这个环节，人们通常会犯两种错误：

· 听不下去。在听对方表达需求时没耐心，对方还没说几句，

---

① [美] 爱德华·伯克利、[美] 梅利莎·伯克利著：《动机心理学》，郭书彩译，267 页，北京，人民邮电出版社，2021。

就打断对方，说对方的需求是多么不合理；或者以为自己
已经把握了对方的需求，着急给解决方案。

· 被动低效地听。有时候，对方一直在说，你为了表示客气，
静静地在那儿听；当然，有时也不是完全为了客气，实在
是也不知道怎么接对方的话。

无论是哪一种，对于你尽快了解对方的利益需求都不是什么
好事。为什么呢？因为对方在表达时，他说的话是由复杂的理解、
感受与观点综合组成的。

我们不妨分析一下这两种场景。

如果你上来就打断或反驳对方，他就没办法完整、理性地表
达自己的需求，还可能会被你激起情绪，也跟你对峙起来，越吵
越凶，表达的完全不是他原本想要说的需求。你回忆一下，有没
有听过或说过"你能不能听我把话说完？"或"我说的不是这个意
思！"这样的话？

而如果你坐在那儿只是听，那也很糟糕。因为光听，并不能
解决下面的问题：

· 对方可能因为表达能力有限，或是思路不清楚、准备不充
分，说不清楚自己的利益需求，你听得云里雾里。

· 对方表面上是在说需求，本质上是在发泄情绪，你无从
判断哪些是有效信息。这些信号包括对方用了很多"再

也""所有"等绝对词，以及"你能不能！？""你为什么
不能……"等质问语气。

· 对方虽然说明白了自己要什么，却藏着大量情绪，或者
是在当下比需求更重要的其他信息，你必须当即接收和
处理。

如果你觉得上面的场景太抽象，我们就打个比方来总结一下
这些现象。有时候，谈判对象就像一个小孩，他想伸手跟你要一
块钱，可能会出现以下几种情况：

· 他可能会哭哭啼啼说不清楚自己想要一块钱；

· 他虽然嘴上说"我只要一块钱"，但其实却是在埋怨你平
时管钱太严，一块钱还要他张口问你要，你直接给了不就
行嘛；

· 他虽然跟你说要一块钱，但可能心里很委屈，因为别的同
学家长都给十块钱。

这是不是和在谈判或争取时，对方表达需求的情形很像？这
种时候，无论是你打断他说要一块钱不合理，还是只静静地、被
动地听，都没办法了解对方真正的需求。要想避免这两种在接
受对方需求信号时最容易犯的错误，就需要"积极聆听"来帮
我们。

用积极聆听法，引导对方说清楚利益需求

在谈判或争取时进行积极聆听，包含了三个技巧——真诚询问、阐释确认、认同感受，我们把这三个步骤叫作"三合一积极聆听法"。

在正式进入"三合一积极聆听法"之前，你还需要先做一项准备工作，就是让自己静下心来倾听。这是因为在谈判或争取的时候，你的注意力可能会因为种种原因而分散，会让你无法全神贯注地倾听。

在这里，我们分享一个很实用的集中注意力的方法，叫"快速复述法"。这个方法是由哈佛谈判项目的创始人之一德雷克·阿顿提出的。这个方法要求你在倾听对方的同时，在心里快速复述对方讲的东西，以帮助你集中注意力。比如，你可以反复用下面这个句式来与自己对话："他刚才说……，他刚才又说了……。"

通过这个简单但好用的技巧，你可以把注意力快速集中到对方正在说的内容上。当然，如果你没有聆听障碍，就可以直接进入三个技巧的使用中。

技巧一：真诚询问，避免瞎猜对方心思

很多人在交流时，总是大脑高速运转，想快速了解对方的心思。这在谈判或争取过程中，会出现两种情况：

- 一种是带有明显的偏见，比如，卖家猜买家一定会砍价，不愿意多花钱；买家猜卖家一定不会好好做服务，只想赚更多钱。
- 另一种是，明明自己没听明白对方表达了什么，但因为面子问题，没有开口问清楚，只好瞎猜对方的心思。

无论是哪一种，都会导致你把握不好对方的需求。怎么解决呢？其实很简单：不清楚就问呗！也就是 ASK[①]，它是 Always Seeking Knowledge 的缩写，也就是"永远寻求信息"的意思。因为在任何谈判式的交流中，信息及其带着的情绪就是力量。

但在这里要强调一下，我们说的问，是"真诚询问"，而非"质问"或"明知故问"。我们不妨举个例子来说。

想象一下，对方跟你说："我希望你们能够照顾一下我们现在的实际情况，再考虑一下收费条件。"你听了，完全不知道对方是嫌你们报价太贵了，还是收费方式不合理。

这时候，你如果一急，说了句："我们已经够有诚意，够照顾你们的情况了呀，你还想怎么便宜？"或者"我们难道还不够照顾你们的情况吗？"这种问句，都不叫真诚询问，因为你并不是真心想通过提问得到更多有用的信息，只是在表达甚至发泄情绪，从而让对话偏离了讨论合作与解决方案的方向。可想而知，这样的

---

① [英] 德雷克·阿顿著：《哈佛经典谈判课》，张亮译，69 页，北京，北京联合出版公司，2019。

询问，没办法帮你了解对方的真正需求。

那么，如果是真诚询问，该怎么问呢？你可以这样说："不好意思，我没太听懂你刚才的话，能否请你说得详细一点？"

为什么这样说就管用？一来，这样的措辞，不会激怒对方，或让对方觉得难堪；二来，你这样说，可以向对方释放一个清楚的信号，那就是"你说得太模糊了，请说得清楚一些"。

在这里，我们还列举了一些常见的真诚询问的话术，供你参考，比如：

· 请问您想达成什么样的具体目标呢？

· 这个问题，您期待怎么解决？

· 对您来说，哪些事情是没有商量余地的？

· 您能否再多解释一下刚才提出这些需求的原因？

· 您能不能帮我列几条您觉得满意的标准？

当然，你可能会想，就算我用上面那样的话术问了，但对方还是说不清楚，或者装听不懂，怎么办呢？如果真是这样，那就可以用第二个技巧进一步追问，这一步叫"阐释确认"。

技巧二：阐释确认，锁定需求

"阐释确认"听上去有些拗口，我们来给你解释一下其中的两个动作：

- 用你自己的话来解释一下刚才听到的内容；
- 把这个话当作问题，再问回到对方，让他来确认。

比较而言，"真诚询问"是一个开放性的问题，是请对方提供信息，它是"阐释确认"的基础；"阐释确认"是在对方给出信息后，对信息进行理解，并请对方确认你的理解。这两个技巧通常会结合使用，通过"真诚询问"请对方提供更多信息，再利用一步步地"阐释确认"，最终确定对方的利益需求。

比如，继续上面的例子，如果你让对方说得详细点，对方回复你说："你看，现在整个大环境不好，我们公司预算也有限，你再帮忙考虑考虑呗！"这样的回答还是很模糊，你还是不知道他们到底想让你怎么做，这时候，你就可以这样回复他："我尝试理解一下你的意思。你是说，希望我们再降低一点价格吗？还是你想小批量先开始合作？"

这就是一个初步的阐释确认。之所以这样问，原因有两个：要么是对方看不清楚、说不明白自己的需求，要么就是对方不好意思说。无论是哪一种，都不利于解决问题。因此，你的阐释确认，扮演着把需求摆到台面上，从而推进谈判的重要作用。

继续回到对话中，如果对方回答你，他就是想降低价格，你们可以这样来推进对话。你可以问他："我想请教一下，你是基于哪些考虑，想到一定要通过降低价格来推进咱们的合作的？"（这一句，是继续真诚询问）

对方也许会说："你也知道，现在大家生意不好做，我也是没办法。"

这时，你可以这样说："我理解。但我还是想了解一下，你们是因为近期现金流紧张，还是因为你们就是想降低采购价，来降低整体成本？我这么问，是因为咱们合作很久了，你也知道我们几乎降不了价，但并不代表咱们解决不了问题。如果你是因为现金流的问题，我可以向领导去争取延长账期；如果你是因为想降低采购成本，那我们可以一起来重新优化一下方案，来降低整体的成本，你觉得呢？"（这段话，就是再次阐释确认）

在这种情况下，对方大面儿上就只能按你的思路来推进了。

发现没有？你的一步步阐释确认，是在帮助对方，也是帮助自己，弄清楚他真正的利益需求，从而推进谈判。在这个例子里，就是你既不用降价，也能帮助对方解决钱的问题。

当然，这一步也非常考验你的能力及眼界。因为谈判或争取中，我们必须要成熟到能识别对方是不是在骗自己。就像我们在第一章中说的那样，信任是种能力。你需要在这一步中，通过灵活、有技巧地发问，来辨别对方的回答是不是值得信任。除了学会提问，我们将在第十三章中，专门讲解如何避免在现场被坑。

技巧三：认同感受，拉回对话

除了像上面那样非常理性、一步步推进地提问之外，积极聆听还需要一项关键能力，就是能及时地认同对方的感受。

你有没有发现，当你认真去观察谈判或争取中的对话时，很多话其实是废话。比如，对方跟你吹了一通牛，说他们做得如何如何好，公司有多么多么厉害；或者，对方跟你哭了半天穷；又或者，抱怨了一大堆你们的产品是多么难用。

类似这样的话，其实都是废话，因为说这些话的人，其实是想借这些话来表达某种情绪或感受。虽然不能说对方说这些话就是错的，但这样的交流会将谈话带偏。比如，无论是向你哭穷，还是吐槽你们产品不好，可能都是想让你们在价格上优惠一些。这种情况下，如果你没经过训练，一般就不知道是该直接打断，还是要耐着性子听完，不知不觉中，思路或情绪就会被对方带跑。

这时候，就要启用积极聆听法中的第三个技巧——认同感受，它包含两部分：

- 快速地向对方表达出你认同他的感受；
- 把话题引向解决问题的正轨上来。

比如，对方一直吹自己的公司有多厉害，你可以这样回应："张总，我能感受到你们公司非常厉害。如果能和你们合作的话，我们会非常荣幸。咱们接下来，就谈谈怎么结合你们的长处，来促成这次合作！"

再比如，对方一直在向你抱怨你们的产品不好用，你可以这样干脆地回应："李总，我听到你对我们的产品方案不满意，如果我是您，估计也会很生气。为了帮您解决问题，咱们要不看看，基于您的预算，怎样做一个更适合您的解决方案？"

听出来没有？上面两个回复，既没有否认对方想向你表达的情绪或感受，从而激起对方的负面情绪，又巧妙地把对话拉回到正轨，为继续探讨需求做了铺垫。当然，这里的"认同感受"，认同的只是对方的情绪，而非认同对方对事实的理解或持有的观点。

在认同了对方的感受之后，无论对方是虚张声势，还是故意挑刺，你都可以重复"真诚询问""阐释确认"这两步，带着对方弄清他们的需求。如果你在谈判或争取时能表现出这样的素养与能力，一定会被对方及同伴刮目相看——有定力、有涵养，更重要的是，有推进的韧劲与魄力。

需要注意的是，谈判或争取现场，考验的是你对信息流与情绪流来来回回的把握与推进。因此，你可以循环、灵活地使用上述三个技巧，边聊边听，帮助对方把需求表达清楚。

要点小结

- 善解人意是一个谈判高手该有的素质。善解人意的人才会去聆听，也只有积极聆听，才能让你成为真正善解人意的谈判高手。
- 所谓"积极聆听"，是把聆听理解为一个双向的过程，是通过有技巧地开口，促成真正有意义的信息接收。

◆ 积极聆听可以让你引导对方讲清他们的利益需求，高效识别和接收对方传达的复杂信息，从而更清楚地了解对方的利益需求。

◆ 在谈判或争取时，你可以先通过"快速复述法"让自己静下心来，专注倾听；然后运用"三合一积极聆听法"，即真诚询问、阐释确认、认同感受三个技巧，来引导对方说清需求、推进对话。

第九章

变对手为合作方，避免争取陷入僵局

前面两章，我们分享了在谈判或争取现场如何清晰地表达自己的需求，并了解对方的需求。当双方都明确地表达了自己的需求之后，就会开始碰到需求上的冲突，这是非常自然也不可避免的事情。

这时候，该怎样打破僵局，让对话继续顺畅地推进？一方面，我们需要调取在"想清楚"环节中"提前分析潜在分歧，寻找双方合作切入点"做的准备工作，思考自己的利益诉求是什么，以及实现形式可以是什么；另一方面，更重要的是，你需要引导对方一起放下争执，开始共创，从而在沟通现场探索第三选择的可能性。

这几乎是我们整套方法中最重要的一环，但它需要前几章方法的铺垫，更需要后面章节中方法的支撑，才能在充满冲突的现场，让双方甚至多方将注意力转移到"创造"上来。在这个过程中，你会感受到缺乏想象力所导致的狭隘与僵化，而当看到第三选择真的出现时，你也会感受到人之为人，在主动创造上的灵气与伟大。

底线思维，将争取对话推入僵局

一般来说，当双方呈现了自己的利益诉求，发现存在冲突之后，便开始进入竭尽所能守卫自身利益诉求的过程中。每一方都强调自己的需求既合情也合理，对方需要满足自己的需求。也正是在这时候，沟通开始偏离正轨，陈年老账会被搬出，与当前主题完全不相关的攻击或情绪宣泄，也随之而来，谈判也被迫陷入僵局。

三种常见的僵局

僵局是每一个想争取更多的人都会碰到的情况，虽然表现有很多，但概括来说主要是以下三种：

第一种，固执地认为"蛋糕就这么大"。比如两个争蛋糕的小孩，如果他们只知道要争抢蛋糕这一样东西，而不知道其实妈妈手里还有糖或玩具，那他们就只会盯着蛋糕。因为他们坚信：一个人分得多，必然导致另一个人分得少；一个人得到，就必然会导致另一个人失去。这也是很多争取或谈判对话的现实写照。

第二种，认为解决分歧只有一种途径。比如在一次商务谈判中，当在价格上出现僵局时，如果买方觉得除非降价，否则这个合作就没法推进，那这时候就还不太适合直接进入第三选择式的谈判中；生活中，认为要表达对孩子的关心与爱，就只能是陪着写作业或给孩子买最好的东西等，都是这种单线程思维的表现。

第三种，片面地认为"这是你的问题，不是我的问题"。这是一种缺乏合作心态的表现。比如在很多商业谈判中，采购可能会片面地认为"卖家降低不了成本，无法实现盈利，那是你的问题，不是我的问题"。但是这位采购可能不知道，如果他不帮助卖家解决盈利的问题，那最终也会成为他所在公司的问题。因为如果买家不能帮助卖家维持一定的利润率，卖家就没办法提供可靠的产品或服务，最终买家的利益也会受损。而在生活中，一方同样也可能以"爱"和"负责"为名，逼迫另一方做出不可持续或自带新伤害的承诺。

如果我们深入思考上述三种现象，会发现它们都离不开谈判或争取时的"底线思维"。你可能常听别人说"你的底线是什么？""这是我的底线，我不能让步了……"我们在谈判或争取中难道不应该通过底线来保护自己的利益吗？

为什么不应轻易设定底线？

有一次，我们在辅导一位商务经理时，告诉她尽量不要有底线思维，她非常不服气，并说："如果没有底线，我怎么知道什么时候要让步，什么时候可以争取呢？"

在谈判或争取时心里想着底线，当然是出于对自己的保护，希望它能带来确定感，但它的好处也仅限于此。如果太执着于底线，反而会有很多坏处。

首先，底线并不能反映你的真实利益。我们一直在强调本质的利益，而不是表面利益，但底线并不能真实地反映本质需求，因为它不客观，很狭隘，也很肤浅。

比如，你们公司开发了一款新产品，但目前并没有客户愿意买。好不容易找到了一家潜在客户，在谈判前，你和团队还有老板一起讨论该把新品的价格底线设到多少。你说 5 万元，你同事说 10 万元，你老板说你们怎么那么没出息，应该要设 20 万元。最终，因为你们不敢得罪老板，也担心自己太保守，定了一个 20 万元的价格底线。其实，无论是 5 万元、10 万元，还是 20 万元，都没有反映出你们公司真正的利益：那就是从长期来看，打开市场，为公司争取更大的整体收益。

其次，底线会让你接受不该接受的，拒绝不该拒绝的。在上面这个例子中，由于你们脑子里只想着如何把价格谈到 20 万元，满心期待能够真的谈成这个价格，想象一下，这时候如果对方出价 21 万元，你们是不是很容易就接受这个价格了呢？大部分人，在谈判中都有尽快达成某个协定的冲动，从而接受不该接受的协议。因此，当对方出价 21 万元时，你们很可能就高兴地同意了，殊不知，对方心里的底线其实是 30 万元。

当然，现实中更有可能出现的结果是你们太过乐观，拒绝了不该拒绝的。比如，还是上面这个案例，一上谈判桌，你们发现对方只愿意出 10 万元，在来来回回谈了多次之后，对方也只愿意提高到 12 万元，达不到你们的底线，因此你们就拒绝了这次合作，觉得对方欺人太甚。其实，你们原本可以通过一些更加灵活的方案，来实现己方的根本利益，而不是仅仅盯在 20 万元这个人为设定的底线上。

第三，底线会让你失去创造第三选择的灵活性与意愿。谈判中，如果我们抱着底线，就会导致自己在利益实现形式上的狭隘与僵硬，只能死守着自己最初想要的解决方案，不能开放地接受新的提议，更别提去灵活创造新的解决方案了。

想象一下，如果你谈判的目的是要解决自己饿的问题，底线是要一碗饭、一碟菜、一盘肉，外加一份汤，但对方只能给你一份青椒肉丝面，这时，你的底线思维就可能会让你忽视对方这份既能让你吃饱，也能满足你想有肉、有菜、有汤、有主食的需求的方案。

那该如何放下底线思维，专注在与对方一起讨论合作方案，并用第三选择思维创造更多利益呢？我们给你分享一套"1+3"策略，让你享受更大、更宽阔的谈判或争取空间。

四个策略，打开合作的想象力

对于一个会谈判或争取的人来说，要说服对方与自己合作，或答应自己的利益诉求，至少要做到自己的提议是有吸引力的，能引起对方的合作兴趣；同时，当出现僵局时，他能提出解决方案，与对方一起将不可能谈成可能。我们提供四个策略，来满足这样的需求。

策略一：用好心理学规律，让自己的提议更具吸引力

十多年来，我们观察到，合作谈判中呈现自己的提议或方案时，有两类风格的人：一类是"忽悠"型，上来就讲一通自己的产品与服务多么厉害；另一类则偏保守谨慎，有点像典型的技术人员思维，逻辑虽然清晰，但只是干巴巴地罗列自己的优势。这两类风格，其实在说服与呈现提议的价值方面，效果都不好。

为什么会这样呢？我们不妨来了解一下人的两个决策系统。这个概念，来自诺贝尔经济学奖获得者丹尼尔·卡尼曼教授。他发现，人在做决策的时候，一般有两个系统进行运作。"系统一"，也就是快思考，会自动、快速地做出本能的判断和决定；"系统二"，也就是慢思考，需要经过深思熟虑和分析才能做出决定[①]。研究发现，在谈判过程中，很多时候人们在做选择时，往往基于觉得哪个选项更好来快速决策，而不是基于决策分析的逻辑框架，慢慢做决策。

如何正向地用好这一心理学规律来指导我们的谈判或争取呢？我们发现，在这一概念的指导下，我们需要同时做到"事实陈述"与"价值判断"两个方面。也就是说，你既需要框架清晰、

---

① [美] 丹尼尔·卡尼曼著：《思考，快与慢》，胡晓姣、李爱民、何梦莹译，北京，中信出版社，2012。

逻辑清楚地讲明白自己提供的服务有哪些好处，还要站在"对方如何感受这份协议有哪些价值"的角度，引导对方去思考：这些好处对他的价值是什么、协议达成对他解决问题有什么好处、能满足哪些需求等。

为了让对方能感受到你的提议更好，你可以借助一个最常用的说服方法——比较法。

好与差是比出来的

比较法比较容易理解，就是把自己的提议，与另外一个协议或者条件进行对比，让对方发现你所建议的方案更有优势，从而与你达成协议。

这个方法，经常会被商家用来向我们推销产品或服务。举个例子，某购物平台的会员年费是 99 元，某视频平台的会员年费是 148 元，如果同时购买两个平台的联名会员，只要 168 元。很多人直觉上就会认为联名会员更划算，所以即便最早只是想买购物平台会员的消费者，也会被联名会员的价格吸引，脑子一热就买了比预算花更多钱的联名会员。

这就是利用了系统一的运行规律，通过提供不同的参考点，让系统一更简单地进行比较，做出判断，从而使消费者心甘情愿地花更多钱。

下面不妨举一个如何将此运用在谈判中的例子。

A 公司想与某行业协会合作，希望能够共同发布一份白皮书，合作费用 20 万元。但后来，A 公司又希望协会能请 10 位专家到现场，并参与发言、讨论等环节的需求，费用可以再加 5 万元；但协会方认为 10 名专家到场太多了，无论是邀请难度还是费用，现有合作的价格都无法实现。如果你是协会方的谈判人员，该如何利用对比法来说服 A 公司呢？

比较法的关键在于设置可以让系统一迅速决策的几个参考点。因此，你可以这样来设计说服对方时的选项：

- 请 10 名专家到场，但需要在目前的合作费用上增加 15 万元，用于组织协调和专家劳务费。
- 只请 5 名专家到场，保持目前的合作费用。
- 请 3 名专家到场，但请 10 名不到场的专家为 A 公司的活动证言，这些证言将发表在行业协会的宣传渠道上，也可提供给参会媒体使用，仍然保持现在的合作费用。

你想想看，如果 A 公司的谈判代表看到这样的选项，他会选哪个呢？是不是直觉上会认为选项三比他们原来要求的选项一更有吸引力呢？因为选项三在费用上没有超支，虽然到场专家数量不多，但能拿到 10 位专家的证言用于宣传，影响力也会比仅请专家到场站台要大得多，听起来更划算一些，现场也更容易做出决策。

习惯用数值呈现价值

对比较法稍作一些升级，就是"数值锚定法"。所谓数值锚定是指给出一两个类似的参考数值，供对方进行比较。如果你想体现自己的价值高，既可以设定高锚定值；如果你想说服对方他的价值低，就可以设低锚定值。

我们日常生活里有很多这样的例子。比如，房产中介会根据你的目标房源，为你提供小区的成交均价、相邻小区的成交价，或是同户型、同楼层、同朝向、同等装修的房屋价格信息，他们通过这些锚定值，来引导你对目标房源的价格进行判断。

如果你刚看到目标房源的报价时，觉得有些高，但当你看到中介给出的相似房源报价都比较高，而你的目标房源报价比它们还略低一些时，相似房源价格这个锚定值，会让你觉得这个报价其实还是合理的，可能也砍不下去多少。

还是用 A 公司与某协会的合作谈判来举例子。协会提出如果 A 公司要露出品牌（一般协会为了保持中立性，都不愿意让企业露出品牌），则需要 30 万元的合作费，A 公司不能接受。这时候怎么办呢？

作为协会方的谈判者，30 万元是你给 A 公司的一个锚定价格。这时候，你可以提出第二个方案：你们曾经和 B 公司有过一次类似的合作，但是因为那次活动不仅是 B 公司一家参与，而是由 B 公司牵头，请行业内上下游的多家公司共同参加，所以能够让协会继续保持中立性，因此那次活动的合作价格是 18 万元。这是你给 A 公司的另一个锚定价格。

如果 A 公司能够接受请多家公司共同参与这个方案，那么相对 30 万元的初始价格，18 万元是一个更能被接受、可以谈下去的报价。而从协会的角度来说，他们对于不损失中立性（也就是仅提供服务，但在公开的宣传中，不出现协会的名字）的方案的保留价格其实是 6 万元，但因为给了 A 公司 18 万元这个锚定价格，他们就会顺着这个引导从 18 万元往下谈，而不是从 6 万元开始谈，这对协会来说可以产生更大的合作盈余。

用好最朴素且有效的比较法，再加上你原本就准备好的逻辑梳理及形象表达，就能让自己的提议更具吸引力。当然，这项技能也需要大量的练习，特别是如何让自己的脑子转得更快、语言更有力。实践得多了，你就会发现在这项能力上的投资再多也不为过——特别是经历过几次自己的提议被拒绝之后。

策略二：扩大谈判或争取的维度，把蛋糕做大

在前面的内容中，我们已经讲了基于共同利益，把蛋糕做大。所谓共同利益，就是指同时满足双方或者多方本质的、整体的、长远的根本利益诉求。但共同利益要各方在现场共同努力创造出来，而不是在开始谈之前，就已经自动存在于各方的脑子中了。

我们不妨来看一个案例：

一家营销公司的商务合作经理小王来找我们咨询，他需

要帮助客户去寻找自媒体合作。大家可能也知道，很多自媒体在商务合作上开价都非常高，谈起合作来也很强势。王经理认为自己公司只是一个并不大的中介机构，而且手头的客户也不是那种愿意花几百万甚至上千万投放的大广告主，该怎么与这些强势的自媒体展开合作谈判，让他非常头疼。

在展开策略之前，我们先来分析一下上述案例中双方的共同利益：

- 对于自媒体来说，它们的确非常火，也不愁眼前接不到单子，但它们最担心的是不能找到持续、靠谱的合作方和高质量的广告主，这也是为什么现在很多自媒体火了一阵子，但最终因为不能顺利商业化而逐渐衰退的原因。
- 而对王经理来说，他的本质利益是帮助他的客户们找到价格划算、合作靠谱的自媒体渠道。这些客户既有来自汽车行业、科技行业的客户，也有来自时尚圈、快销圈的客户。王经理越能和各种自媒体扩大合作，他的公司的生意就会越好，他的客户也越能获益。

所以你发现没有，无论是对于自媒体还是对于王经理来说，"长久、可盈利、可持续的合作"是双方共同的利益。那么基于共同利益，我们应该如何去扩大谈判维度，把蛋糕做大呢？这里为你提供两个具体的思路：

· 扩大合作范围
· 拉长合作时间

多些想象力，扩大合作范围

所谓扩大合作范围，就是从当下、眼前的范围开始，往外看有没有其他的合作可能及创造双方利益的可能性。

比如说，王经理想跟一个科技行业的自媒体谈合作，这个自媒体目前只专注于笔记本、手机这类 IT（互联网技术）产品。如果在谈判前，王经理通过调研发现这个自媒体的读者其实也愿意关注身边的一些前沿科技，比如说汽车技术的某些创新，或者运动服饰与智能穿戴技术结合等，那么在谈判时，王经理就可以启发对方尝试多做一些最新科技以及技术与生活方式结合的内容。

这样，双方的合作就可以不仅仅局限于当下谈的 IT 客户 A，而是可以扩大到王经理公司所有和"科技""生活方式"相关的客户群，例如汽车、运动、家电等。对王经理来说，他可以用许诺未来更多的合作机会，让自媒体在本次合作中提供更优惠的服务；而对于自媒体来说，通过和王经理公司的合作，做了拓宽广告客户种类的尝试，将来可以接到更多广告。

这就是典型的基于共同利益、扩大合作范围的一个案例。

目光放长远，拉长合作时间

利益是一种动态的资源，借助时间的积累，可以创造出更多。

比如，如果单独合作一次的费用是 30 万元，那么王经理能不能建议客户与自媒体商量一年的长期打包合作？对于自媒体来说，对未来的业务有一个更稳定的预期，因此也愿意稍微降低一些价格，或者用同样的价格提供更多的服务。这样一来，双方都不用纠结于某一次具体合作的讨价还价。

在这里，我们还总结了两条实操经验，方便你在谈判或争取时扩大维度：

· 你可以在现场主动开口问，比如你可以这样问对方："请问您除了关注这次合作的价格，其他方面您还看重什么？或想满足什么需求？"

· 你可以通过提前准备来深挖共同利益背后的规律。比如在商务合作中，一般来说大家都期待降低整体的成本、提高整体的效率，以及提高长期的收益等。在我们刚拆解的案例中，为自媒体带去更多的客户资源，其实就是在帮助其提升整体商业效率，最终满足他们的商业利益。

一旦谈判各方纠结的不再是一个单独的小问题，比如某一次交易的价格、某一次合作的利益，就可以更加开放、更有创造力地去探索第三选择式的方案。

策略三：灵活调整合作的约束条件

你可能会觉得策略二在现实中实现起来很难。比如，对自媒体来说，它可能会觉得自己手上的谈判筹码特别大，懒得跟你谈一个还不存在的、更大范围或更长期的合作。如果碰上这样的情况，该怎么办呢？

别着急，你还可以用另外一招：灵活调整合作的约束条件。你有没有发现，大家之所以不去考虑长期或更大范围的合作，本质上是因为这种长期或更大范围的合作具有不确定性。

还是拿上面的案例来说，对于这个科技自媒体来说，它并不知道王经理未来能不能真的带来科技行业以外的，比如汽车或者运动品牌的合作。如果这些未来的合作并没有落实，而在这次合作中自己已经给出了优惠价格，那么对它来说岂不是吃亏了？

如果自媒体担心这样的问题，那么王经理的策略就可以是：提出这一次是试验合作，如果在三个月内履行了承诺，为这个自媒体带去了一个汽车客户和另一个运动鞋客户，那么这个自媒体就返回一定的合作费用，或者从下一个阶段开始打七折。这样一来，双方既能达成合作，又不会因为在一开始就把条件谈得太死，导致双方都被约束得太紧，进而影响在谈判现场达成合作的可能。

我们也总结了两条可以灵活调整合作约束条件的规律，它们是：

- 开展试验性的合作项目：就像王经理提议的那样，如果他的建议能够在三个月内落地，那么这个自媒体就可以执行价格优惠策略。

- 展开阶梯式的报价或者收费：在商业谈判中，我们经常会碰到双方设定一个阶梯价格，也就是合作的规模达到多少量级就能实现多少的折扣，再上一个量级又能实现多少的折扣。这些内容，都可以写入合同中。

无论是扩大谈判维度，还是灵活调整合作的约束条件，本质上都是在谈判或争取时让双方甚至多方不局限于眼前某一个小话题，而是从更大、更远的视角，去寻找能够满足大家共同利益的各种合作可能性。

策略四：融合不同利益，让合作发生

如果使用上面的方法，仍然没能找到第三选择式的解决方案，该怎么办呢？其实，除了从各方的共同利益出发创造第三选择，有时候我们也可以融合各方的不同利益，进而创造出第三选择式的解决方案。

在实践中，你会发现有些人要钱，有些人要名；有些人注重形式，有些人注重实质内容；有些人非常关注内部的关系，有些人则关注外部的形象；有些人可能很看重即刻得到的利益，而有些人则有耐心慢慢培养长期的利益。

单独去看，你会觉得这两类人的利益诉求完全不同，但是如果你有融合不同利益、共同创造第三选择的心态，就会发现正因为他们的诉求不同，在谈判或争取时才更有机会达成合作，以便交换对方手上拥有的物质或精神资源。

我们来看个案例：

> 我们自己就经历过类似的情况。在一次供应商比稿中，由于客户的预算有限，我们给供应商的价格比市场价低了不少，经过公司采购几轮强势的价格谈判，其他供应商都觉得价格不公平退出了，最终只有一家供应商接受了我们的价格，但他们的条件是，项目结束后，双方共同做一个案例，申请行业奖项。
>
> 后来，对方的客户经理闲谈中说起了这次投标，他说："即便是赔钱，我也需要和你们公司合作。"原来，在前几轮议价时，他们也想着争取更高的价格，后来看采购一直没有松动的意思，几乎要放弃。但他的老板说，他们作为行业里资历尚浅的新公司，如果能和我们这样的大公司合作，即使在这次项目上亏一点，但有了案例做宣传，将来就可以赢得更多的客户和项目，有更多的机会赚到大钱。

你看，这个案例里，正因为我们要"利"，供应商要"名"，我们才不会担心供应商因为便宜而降低质量，对方也可以得到我们的背书，双方的利益得到融合，从而达成了合作。

这样的应用在现实中有很多。比如，如果对方执意砍价，当你通过前面学过的方法，发现他们只是因为现金流压力，无法一次支付这么大的金额，而你的本质利益是坚持报价，但支付账期可以商量，那就可以考虑分期付款。在日常生活中也是如此，所谓有钱出钱，有力出力，就是这个道理。

上述几项策略有一个共同特点，就是放下眼前的争执，为新利益的产生创造一个更宽松的条件。我们夫妻俩在各种场合都尝试过这些理念及方法，最大的一个体会是，一旦进入第三选择式的探讨，经常会越谈越兴奋，因为大家会发现很多合作的可能性，而这些合作的灵感往往可能是在准备阶段或者刚开始谈时不知道的；也因为如果这些可能性能变成实实在在的协议，那么就能更好地发挥各自的优势，实现更大的利益，并且也能与对方建立更好的关系。

当然，现实中，你也可能会碰到无论怎么使用上面这四个策略，对方就是盯着眼前的事与你争论的情况。我们建议你先看自己的替代方案是否充分。如果可以替换，那就可以选择不合作，因为对方不具备与你共同创造更多利益的可能性，你也不必强求，可以维持当下的关系，并在未来再多一些观察。但如果对方手上有你需要的且目前只能从对方那里得到的东西，那你就只能接受对方的条件。只不过，这一事实并不会妨碍你在沟通中将上述策略练习使用一遍。毕竟，这些技巧都是需要不断练习、积累才能获得的。

要点小结

◆ 在谈判或争取时，很容易因为三个原因陷入僵局，导致不能开放地去讨论第三选择，它们是：（1）固执地认为"蛋糕就这么大"；（2）认为解决分歧只有一种途径；（3）片面地认为"这是你的问题，不是我的问题"。这三者的本质，都是底线思维。

◆ 在沟通现场，促成第三选择的共同讨论的策略有：（1）用好心理学规律，让自己的提议更具吸引力；（2）扩大谈判维度，把蛋糕做大，可以通过扩大合作范围、拉长合作时间来实现；（3）灵活调整合作的约束条件，以便让利益的落地更容易发生；（4）融合不同利益，促成合作。

第四部分

化冲突 | 应对复杂博弈

✕

争取的过程中，一定会碰到冲突，这既包括客观的利益
冲突，也包括某一方主观上故意闹情绪、耍手段、用诡
计等，使得交流过程中充满了情绪、谎言与博弈。我们
很难做到像影视作品中那样的心理较量，但可以通过练
习高难度沟通所需的思维、表达与情绪管理能力，化解
冲突，避免被坑，做"温柔的强硬派"，实现利益与人
情的双赢。

第十章

用公平原则化解分歧，用灵活方案赢得争取

谈判或争取，总会碰到来自对手的压力。无论是已经很有经验的谈判者，还是刚开始接触谈判的新手，最头疼的谈判对手有两种。一种是比你实力强大，比如，他可能是你的顶头上司，或者对方公司非常强势的采购；另一种，不讲道理，喜欢耍无赖、使手段，比如，故意给你开出很多附加条件，或者故意威胁你、吓唬你。

当然，这两种人在日常生活中，也很常见，太强势的另一半、不讲理的长辈、拎不清的亲戚等，也经常让日常的争取式沟通陷入困境。

无论应对哪一种人，如果你没经过心态及技巧的训练，都会非常痛苦。因为：一方面你不能瞬间变得像他们那样强大或无赖；另一方面，你又得与他们周旋，协调利益冲突。

那该怎么应对这种情况呢？如果你实力相对较弱、不喜欢耍

手段，就一定没法与这样的讨厌对手谈判了吗？这就是本章要为你拆解的高阶谈判技能：基于公平原则，扛住压力，坚定推进第三选择式谈判或争取。

公平原则：被太多人忽视的争取利器

对于很多不了解第三选择式谈判或争取的人来说，他们一进入谈的环节，第一件事就是想办法实现自身利益的最大化。举个很好理解的例子，两个四五岁的小孩，有一天妈妈给他们买了一个他们俩都很爱吃的蛋糕，让他们自己去分。你猜会发生什么情况？不难想象，他们俩肯定为了自己分得多一些，用各种办法来争、来抢。

现实中的谈判或争取也经常这样。比如买卖房屋的谈判，一方想用更高的价格来卖，另一方要以更低的价格来买；再比如夫妻俩看管孩子，一个想让对方多看一会儿，另一个也想让对方多照顾一阵子。这些情形，是不是与两个小孩争抢蛋糕一样？

这种利益存在冲突的情况，几乎发生在所有的谈判或争取的场景中。你不能奢望在谈判中不存在冲突，否则还需要什么谈判呢？我们真正要想的问题，是如何找到一种方式，帮助我们去交流并解决这种冲突——我们得能就着这些冲突，敞开了聊，然后才能谈怎么解决这些冲突。"基于公平原则推进谈判"就是一种顶住压力解决冲突的有效方式。

　　所谓谈判中的公平原则，是指当谈判双方都认为对方所提的要求不合理的时候，能找到一种让双方都觉得合理的东西，推进谈判进行下去。它一般是独立于谈判本身，但一直存在的原则，比如，行业通行的标准，或者大家都认可的某种社会规范或行事规矩等。无论这些原则是什么，它们有个共同特点，就是对双方或多方来说，都相对公平。

　　一般来说，公平原则有两种情况。《谈判力》这本经典书中提出了两个概念，来体现"公平"：一是标准公平，二是程序公平[①]。

　　先来看"标准"很公平。比如，在房屋买卖的谈判中，一个相对公平的标准，是参考本月同一小区内具备相似楼层、朝向、装修等条件的售出房屋的成交价。比如说，平均成交价是 300 万元，如果一套各种条件处于平均水平的房子，卖方非要 330 万元，那就是不公平；而买方非要砍价到 270 万元，那也是不公平。当然，如果卖方因为着急用钱，愿意卖低价，这样的情况不在咱们讨论的谈判范围内。

　　再来看"程序"很公平。当双方没办法在谈判现场协调出一个大家都满意的公平"标准"时，就需要一个公平的"程序"。比如，如果两个孩子不满意于"平分"这样的"标准"，那么就可以让一个孩子负责切蛋糕，另外一个孩子先挑蛋糕。这样，也能实

---

① ［美］罗杰·费希尔、［美］威廉·尤里、［美］布鲁斯·巴顿著：《谈判力》，王燕、罗昕译，76 页，北京，中信出版社，2012。

现相对公平。

用好公平原则，让双方放下情绪与侥幸心理

很多人在谈判或争取过程中，经常会做无效的放大动作，包括诉苦、故意发脾气、虚张声势等，希望能为自己多攒一些谈判的筹码。这一思路，除非你是第一次对一个陌生人用（可能有一些作用，但也取决于对方的应对策略），否则在真实的工作或生活中，都不会真正起作用。真正起作用的，是既展现合作诚意，又能确保相对公平的方式。公平原则因为相对客观，因此能被我们用来更好地谈判或争取。

严格说来，在谈判或争取时没有绝对的公平，也没有绝对的客观。比如，当对方的实力及最佳替代方案比你强大好几十倍时，其实对方完全可以不用谈，就能无视或碾压你的需求，这种情况根本称不上是谈判。遗憾的是，无论是在工作还是生活中，我们经常看到那些实力非常弱，又不用心去做替代方案的朋友，却想在谈判或争取中胜出。这样没有自知之明，只会导致在谈的过程中完全没有主动权。

但是，当双方的实力差距没有那么大，又都不满意对方的开价或要求时，公平原则就是那个相对客观、能独立于任何一方，并能指导双方静下心来谈的调节剂。它的作用主要表现在两方面：

第一，公平原则能促使双方放下情绪或诡计，寻找、商讨能

让双方都认可的公平标准或程序。还是拿分蛋糕的例子来说，当两个孩子都尝试通过撒娇、哭闹等小手段试图争取更多利益时，唯一能让两个孩子放下情绪或小手段，协商怎么分蛋糕的，就是要让他们遵循一个两人都觉得公平的标准或程序。一个先切一个先拿这样的原则，就可以做到这一点。

第二，用公平原则来推进谈判，能让谈判变得更加专注、高效，双方的情绪也将更加放松、愉悦。这也是在为之后与对方一起创造第三选择做铺垫。你可以想象：如果谈判双方剑拔弩张，怎么可以平心静气地去创造第三选择式的创新解决方案呢？比起生硬地争论谁的观点或要求更合理，基于公平原则的谈判策略，则可以将谈判双方引导到共同寻找既能保护或争取更多各自利益，又能让双方都觉得公平合理的第三选择方案上来。

为了在谈判现场能做到基于公平原则谈判，你需要做两步工作：一是找到这些公平原则；二是能够使用这些原则来推进谈判。

日常多储备，才能在现场调用更多公平原则

公平的原则不是现场创造出来的，而是已经存在于我们的日常工作与生活中，就看你在谈判现场能不能在合适的时间、合适的话题上调取出来。因此，要想在现场做到基于公平原则来谈判，第一步要做的就是提前梳理有哪些公平标准或原则可以为我所用。

我们整理了一些商业谈判中常见的公平标准。一般来说，它

们包括三类：

- 市场行规，比如，行业里某服务一般卖多少价格，或多少价格能买多少服务。

- 合作先例，就跟在法庭上一样，很多时候当人们不知道如何评判时，"先例"是一个重要的参考。

- 共同追求，比如，商业合作都希望降低整体成本，提升整体效率，或者增加总体收益。这就是为什么在谈判时，如果对方一定要降低单个价格，你可以要求提高合作数量或金额的原因。

生活中也有很多公平标准，基本就是人类的各类道德实践原则，比如要遵守信用、互相理解、给予回报等。这听上去似乎很虚，却是人们在社会上不得不服从的、有强制力的行为方式、思维方式、感觉方式[1]。我们越了解这些人情运作的原理，就越能在交流现场调用它们作为自己的谈判武器。

再来说说常见的公平程序，大家其实早就经历过这些自古就传下来的程序（或变种），比如：

- 抽签。它的本质是概率相同，对于双方甚至多方来说都是公平的，就算运气不好，大家也都能认。

---

[1] [法]E.迪尔凯姆著：《社会学方法的准则》，狄玉明译，25页，北京，商务印书馆，1995。

- 排序。上面分蛋糕的例子中一个切、一个选，用的就是这种方法，它的本质是机会均等。很多谈判中出价与被还价的轮流，也是一种排序。某些城市实行车牌阶梯摇号，申请时间越长，中签率越高，也是这种方法的一个应用。
- 试用。如果对于即将开展的交易或合作没有十足的信心，可以提议以免费或以较低价格进行试用，来证明价值之后，双方再各自投入更多推进合作。

如果我们不了解这些方法会怎样？还记得我们前面提到过的ASK原则吗？谈判是一个互动的过程，除了提前找好这些公平的标准与程序之外，你完全可以在现场与对方的交流中，请教、了解对方认为应该遵守的标准。最简单直接的话术是："请问您觉得我们在讨论这些问题时，可以参考哪些能确保对双方都公平的标准或原则？"

无论是标准还是程序，能够被用来指导双方交流、解决冲突的公平原则，都需要合情合理、切实可行。我们在实践中发现：你越能在平时收集或准备好适用于谈判或争取的公平标准与程序，在交流时就会越从容，并得到对方的尊敬。

当然，这反过来也要求我们自己能认同按原则办事，不靠侥幸得利（想想在日常就喜欢插队、钻空子的人，生活或工作到底能有多大的成功？），否则，在谈判现场是不可能启用原则这一武器的。

用好公平原则，三步化解分歧

既然公平原则这么好用，在谈判或争取时，该怎么用它来推进对话、化解冲突呢？总的来说，可以分三步。

第一步：找准一个具体的分歧，把谈判引入对公平原则的商讨

举个买卖房屋的例子，假设卖房的房主阿姨开价 330 万元，你觉得价格太高。此时，房子的价格就是一个具体的分歧。

当你要求降价，卖方送给你一个白眼，说："现在房价只涨不跌，我是绝对不会轻易降价的。你要不买，我可以卖给别人啊！"你听听，这还怎么聊下去？

然而，作为一个成熟的谈判者，这时候，正确的策略不是被卖方给气个半死，立马转身走人，而是把话题引向对公平原则的讨论上。你可以问一个类似这样的问题："我想请问一下，您得出这个结论，是基于哪些原因考虑的？"这是谈判高手经常使用的一个谈判话术，它能很自然地把对话引向关于公平原则的讨论。

例如在这个案例里，你可以这样说："我非常理解现在咱们市整体楼市价格很好，但我还是想了解一下您开价 330 万元背后的考虑是什么？"

卖方也许还是会刻薄地回答你，比如："还用考虑？你看这两个月房价涨得多快，还有这个小区的房都卖了多少钱？"

这时，你可以说："我也同意拿咱们市整体的价格与小区里的成交价来对比看。不过，现在大家其实也都观察到了，二手房成交量在下降，而且，您提到的小区里的成交价，我大概了解了一下，最近好成交的，都是南北通透的户型，楼层也相对更好。您这间房我也挺中意的，但房间是东西向的。咱们是不是也要把户型、楼层、朝向这些因素考虑进去？"

这样的对话，就是在引导双方进入对公平原则的讨论，小区成交价是我们前面说到的"市场行规"，户型、楼层、朝向则是天然存在的标准，这些都是相对公平、客观的标准。

第二步：坚持有理有据，但也随时接纳对方的建议

当然，房主可能在你提出了户型、楼层、朝向等标准之后，也提了一个新标准，那就是装修。房主可能会这样说："你看看我家的房子装得多棒啊！我们是精装修，去年才新装的，远远不只值 30 万元呢！"

这时，你该怎么办呢？是强行告诉房主，他的房子装修不值 30 万元，还是接受他用装修来多收你 30 万元？答案当然不是非黑即白式的二选一，更合适的说法应该是：

"我理解您装房子时花了很多心思，如果房子装修得好，我也愿意花更多的钱。但是同样的道理，您用心装修，我看的咱们小区里的另外一家，装修也很用心。对方还把装修合

同拿给我看了，他们卫生间里用的都是进口卫浴用品。如果您的装修比那家更讲究，我也愿意多付钱的。谁不愿意买个省心呢，是不是？"

这段话中，你既保持了该有的坚持，也留了空间。如果房主也拿出了装修合同，带你去看他们家的各种厨卫设备、地板等有多好，而且装修真的让你很满意，你就可以考虑接受房主的提议；反过来，如果在装修这条标准上，房主站不住脚，你就应该继续坚持。

这就是我们说的保持灵活开放，千万别死认一条标准，只说"我绝不接受"这样并没有什么真正用处的话。

第三步：顶住压力，或考虑引入第三方协调

在现实的谈判或争取中，你可能也会碰到即便各种标准与原则都摆在眼前，对方就是不愿意让步或合作的情况，该怎么办呢？

除非你决定放弃，否则你就只有一个选项，那就是顶住压力，继续用原则来推进，直到对方意识到如果想和你开展合作，就必须遵循这些本该遵循的公平原则。

比如，上个案例房主还是会说："我就是觉得我们家的装修比人家好。"你可以继续说："我理解您装修时的用心，但人家的马桶是科勒的，比咱们这个要贵不少钱呢！"

当然，如果对方一直坚持不合理的要求，而你还是想与对方

达成合作，并争取更多利益，那就可以考虑引入第三方。比如，房屋买卖中，你可以让中介做协调人。当然，咱们都知道中介并不一定真正公正、客观，所以，即便是对第三方，哪怕他是你的领导、长辈或好友，你也同样要有理有据地让他以公平原则为前提来协调。

最后要提醒大家的是，虽然我们一直在讲如何基于公平原则来推进谈判，但如果你手上没有最佳替代方案，比如例子中用进口厨卫设备装修的那家房源，或者备选方案都很差，比如你着急买房，但手上资金有限，短期内也找不到合适的其他选项，即便再使用公平原则来谈判，谈的空间也有限，最终大概率只能失败。

上面的三步，每步都有自己的作用，缺一不可。根据我们自己的实践经验，第一步至关重要，因为它直接决定了你是否能在各种分歧语境中，将对话引导到对公平原则的讨论上；第二步、第三步，则赋予你足够的韧劲与灵活度，来应对对方的各类"刁难"，并推进谈判。

练习得多了，这三个步骤就会融合在一起，变成你谈判习惯与素养的一部分。如果你能用好公平原则，那么在对方眼里，你将实现难得的诚实、能力与可靠[1]三者的结合。对方会知道你不好欺负，但也了解你是一个老实人——而这，正是知名哲学家昂诺娜·奥妮尔开给普通大众的信任良方。

---

[1] [英] 昂诺娜·奥妮尔著：《信任的力量》，闫欣译，重庆，重庆出版社，2017。以及她在 TED 上的演讲。

要点小结 ···

- 谈判或争取中的公平原则是指当双方都认为对方所提的要求不合理时，能找到一种让双方都觉得合理的东西，推进谈判进行下去。它一般是独立于谈判，但一直存在的原则，比如，行业通行的标准，或者大家都认可的某种社会规范或行事规矩等。

- 基于公平原则来谈判有三个好处，分别是：它相对客观，能调解双方的冲突；它能促使双方放下情绪或诡计，寻找、商讨能让双方都认可的公平标准或程序；它能让整个谈判进行得更加专注、高效、愉悦，为促成后面的第三选择式方案做好准备。

- 在实践中，一是要通过提前准备或现场交流，找到这些公平原则。二是能够通过用好公平原则"三步法"来推进谈判，也就是：（1）找准一个具体的分歧，把谈判引入对公平原则的商讨；（2）坚持有理有据，但也随时接纳对方的建议；（3）顶住压力，或考虑引入第三方协调。

第十一章

管好并用好情绪，为沟通减轻阻力，注入动力

谈判或争取现场，总是伴随各种各样的突发事件和复杂情况。其中最难处理的一项，恐怕就是管理双方的情绪了。

很多人都觉得情绪是个坏东西，因为太多人经历过由于自己或对方情绪失控，导致交流中断甚至崩盘的情况。其实，情绪本身是中性的。如果双方没有管理好情绪，被情绪拽着走，当然会越谈越糟，但如果能管好、用好情绪，那么你不仅能更沉稳、自信地表达需求、推进谈判，还可以激发出对方的正面情绪，与你一起更加理性地去讨论利益冲突、观念分歧等，并以更加兴奋、开放、积极的姿态，一起探讨第三选择式的解决方案。

如果你想成为一名谈判或争取的高手，就必须深刻理解情绪的重要作用，并且能够有策略地管理、利用好情绪。这一章的内容比较多，我们将拆解管理自己与对方、负面与正面情绪的理念与方法，从而帮你成为一名能果断推进，但又从容沉着

的争取者。

为什么一谈就容易情绪上头？

工作或生活中，我们经常会碰到一谈就情绪上头的情况。一旦自己或对方有了情绪，就容易口不择言，别说达成争取目标了，有时连正常推进对话都有困难。可能这也是为什么很多人希望自己在对话中没有情绪，或提出"你能不能不要有情绪"这种要求的原因吧。

但人之为人，完全没有情绪是做不到的，更务实的方式是科学认识情绪的发生机制，并及时调整情绪。在不被情绪误导、给交流添乱的同时，也能借力好情绪，推进交流。要做到这一点，我们首先需要学会识别谈判中的情绪，并理解它们是如何发生的。

情绪到底是怎么产生的？

对于正常成年人来说，在谈判中识别情绪并不是一件太难的事，因为它会有很多语言信号，比如说话特别冲，同时也包含大量的非语言信号，比如脸红、嘴唇抖动、哭等。

真正难的是：一旦识别出情绪之后，我们该有怎样的外在行为表现？比如，如果听到对方说了让人生气的话，自己是不是能克制住情绪？反过来，如果我们自己不小心说了不合适的话，引起了对方的情绪，那我们能不能在行为上做点什么，从而帮对方化解？

> 想要在看到自己或对方的情绪后，能理性地做点什么，
> 是一件极难的事情，它需要大量的人情阅历与良好的修养，
> 也需要进行刻意训练。

比如，你明知道个歉就能安抚对方，但并不代表你真的愿意去做，或即便愿意也真的能做到。

好在情绪这件事也可以被拆解，我们可以借由一些研究，更好地把握情绪。其中一项就是了解情绪的发生机制，以指导我们在情绪发生过程中的合适阶段介入，以调整自己及对方的情绪。根据科里·帕特森等人在《关键对话》[①]一书中的分析，我们在谈判中的情绪发生及作用模式包括下面四步：

图 11-1　情绪发生及作用模式的四步

---

① [美]科里·帕特森、[美]约瑟夫·格雷尼、[美]罗恩·麦克米兰、[美]艾尔·史威茨勒著：《关键对话：如何高效能沟通（原书第 2 版）》，毕崇毅译，96 页，北京，机械工业出版社，2012。

如果拆开来看这四个阶段，"所见所闻"是情绪产生的源头，但恰恰这一步是我们没办法掌控的，它完全取决于对方的行为。比如，你试图向领导争取在一个重要的项目上多给你配些人，但你看到他一会儿看微信，一会儿看电脑，就是不能专注在与你的谈话上——对于领导的这一行为表现，你只能当成客观现状接受。

但其他三个阶段，把控权其实在我们自己手里。比如，当你看到领导不专注的行为后，自己的主观解读是认为他不重视这个话题、不想跟你聊这个话题、不想给你支持，还是认为领导只是正好在忙或碰到了一件紧急的事，其实并没有不想聊或不支持的意思？这两者的区别，直接会决定你的情绪状态，并影响你后面的行为。

这就是心理学里说的"认知"才是决定情绪状态的最重要因素。要改变情绪，就需要学会调整评估（reappraisal），重新思考你看到的、听到的究竟意味着什么[①]。因此，我们对情绪管理的训练，就可以主要聚焦在第二阶段，也就是警惕自己的主观臆断上。

管理情绪不能靠压制，而是要找源头

读到上面，你可能会误以为管理情绪就是委屈自己，告诉自己主观判断是错误的，并压制情绪。其实，强行压制本身并没

[①] ［美］罗纳德·B. 阿德勒、［美］拉塞尔·F. 普罗科特著：《沟通的艺术》，黄素菲、李恩译，138 页，北京，世界图书出版公司，2015。

有太大的效果，管理情绪的开关，在于对所见所闻的"调整评估"，而其中的真正关键，是承认事情的复杂性、多面性，并能在行为上主动去了解对方做出这样的行为或反应背后的原因到底是什么。

其实，之所以我们看到对方的行为后容易引起情绪上的解读，一般来说有三方面的原因，也就是价值观的不同、实际利益的冲突以及关键信息的缺失。

- 价值观不同，是最主观却最能触发情绪的一个因素。比如，你重视工作的质量，领导重视人的成本等；丈夫看重生活的享受，妻子看重刻苦与进取等，背后都是价值观的不同。
- 实际利益的冲突比较好理解，你要加薪，公司业务下滑要控制成本，就会形成客观的冲突，这里不再赘述。
- 关键信息的缺失，指的是交谈两方看同一件事时，视角是否全面、信息是否充分。很多交流时的误解与冲突，都源于交流各方从各自的角度，只看到了事情的一个小的面，就着急下结论。因此，这是一个最不被重视，却最有机会被修复的要素。

了解了容易让我们产生情绪的原因之后，我们就能多些耐心与思考，以避免自己因情绪上头而言行不当；同时也能知道主动去问对方什么问题，才能补充上述三方面的信息。比如，你可以问："我知道你很生气，但你能告诉我你看到或听到了什么我并不知道但又让你很生气的事情吗？"

反过来，我们也会知道如何通过主动表达、说明，让对方更多地了解我们的出发点、我们的视角以及我们看到的信息，从而更好地调整双方的情绪，推进对话，完成沟通。比如，你可以说："我知道这件事很复杂，但我是从 ××× 角度来跟你说的，也想听听你的意见。"

了解这些情绪产生的原因后，我们再分别看一下如何在谈话现场处理自己和对方的负面情绪，以及调动双方的积极情绪。

成熟的人，如何让情绪乖乖听自己的话？

没有人天生就能灵活自如地管理自己的情绪，都需要在科学的方法下，进行一定的刻意训练。我们总结过一套"让自己情绪听话"三步法 [①]，同样适用于谈判或争取现场。

第一步：观察自己当前的行为

根据我们自己的体会以及对其他谈判者的观察，我们发现，谈判中一般会有两类负面情绪表现——打赢模式和逃跑模式。

---

① 文娅、仲佳伟著：《高难度沟通：化解冲突、赢得信任的高阶沟通力》，80 页，北京，北京时代华文书局，2019。

- 打赢模式的典型情绪包括：必须说服对方自己的观点是正确的，自己的推导是客观的，自己的要求是合理的，等等。
- 逃跑模式的典型表现包括：有话不敢说，有要求不敢提；对方出现严重的逻辑漏洞或者提出不合理的要求时，不敢反对，不敢反驳；当然，有时候也可能是冷嘲热讽。

无论是哪一种，它们都会导致对话进行不下去或直接崩盘。当我们开始产生这些情绪时，是有很多外在信号的。比如，你会心跳加速、脸部发烫、音量变高、身子前倾、手掌冰凉、手心冒汗等。如果你在对话过程中感觉到了这些信号，那就说明你的情绪已经上来了。

当然，也许你会说，在高度紧张的谈话现场，不可能那么敏锐地自动感知到这些生理表现。那也没关系，我们再教你一个手动感知的方法，那就是一旦你发现在与对方沟通的过程中想急于反驳什么，一般就是情绪上来的时候。

比如，你很努力地主动调低价格，但对方还是质问你凭什么定价那么高，你就很容易进入立即反驳的状态。这种时候你可以暂停一下，问自己一个问题：我是不是已经进入了"打赢"或"逃跑"的模式？

如果得到"是"的答案，那就说明你已经陷入情绪中，应当立即启动第二步。

第二步：暂停，深呼吸，辨别自己的情绪

当你意识到自己已经有了情绪之后，先不用着急把它压制下去，而是应该花一点时间了解、确定自己的情绪。因为很多时候，我们并不知道自己到底处在什么样的情绪中，也就很难找到一种合适的策略来应对它。

尽管人的情绪很复杂①，但在这里需要说明的是：做这一步的思考，时间不用长，一瞬间的停顿、反思，就能帮你识别你在那个瞬间的基本情绪。按照我们自己的经验，你可能会经历三种基本负面情绪，它们分别是：愤怒、恐惧、厌恶。

比如对方质问你凭什么定价这么高，你可能会瞬间产生愤怒的情绪；而如果你谈了一下午却毫无进展，你可能会陷入厌恶的情绪；当然你也有可能会在谈判快破裂、看不到希望的时候，产生恐惧的情绪。

初步识别了自己的情绪，下一步就是分析、质疑产生这些情绪的"主观判断"。就像前面说的，我们很容易认为对方是错的、自己是对的，从而情绪上头。这时，你可以记住一条原则，那就是不要把"客观事实"与"主观判断"混为一谈。以在谈判中被对方质问为什么定价那么高为例：

---

① 如果你想更深入了解情绪，可以读一下美国心理学家普拉切克（Plutchik）提出的情绪轮概念（Wheel of Emotions）。虽然人的情绪非常复杂，但他只确定了 8 种基本情绪，并用 8 个扇形区来表示，分别是：喜悦、信任、害怕、惊讶、难过、厌恶、生气、盼望。其中，每一种基本情绪都有与之相反的一面。

- "客观事实"是你听到对方问出了一句话："凭什么你们定价那么高？"
- "主观判断"是你在听到这句话后，情绪上觉得对方是在质问你，是在故意挑衅你。

你看，也许对方只是不太会表达，用错了语气，或者他只是在问一个问题，但在你看来却是在挑衅你。这种因为理解不一致而非客观事实导致的情绪冲动，在谈判中是非常不值得的。一旦意识到你的"不爽"是因为自己产生了情绪，你就会比较容易冷静下来。

需要说明的一点是，无论对方做了什么事、说了什么话，哪怕他故意激怒你、嘲笑你，本质上情绪的产生都是你自己大脑中的反应。你要相信，你有绝对的主动权来校正大脑对这些外部行为的反应，从而调整自己的情绪。特别是当意识到这些行为并不能帮你们把谈判往前推进的时候，你就更不用搭理这些让你产生无用情绪的行为了。你需要做的，是把你们双方拽回到理性的探讨上来，比如，你可以问对方一句："我想了解一下，请问你对价格的具体期待是什么？"

第三步：大方得体地表达自己的情绪

大部分时候，在做完上述两步之后，你的情绪就会被慢慢安抚下来。但在现实中，我们也会碰到在分析、确认之后，发现对方的行为或观点真的非常不合理，自己的确非常生气或失望的情况，又该怎么办呢？

这时候，我们的建议就是不要去压制情绪，而是要大大方方表达出来。之所以要清晰地表达自己的情绪，一是为了释放，也就是说出来就会放松很多；二是为了让对方了解你的想法，并采取一定的行为调整。你可以想象，如果你不表达情绪，而对方又没能理解你的情绪，双方就会越聊越不愉快，误会与不满也会越来越多。但在实践中，很多人都不习惯或不知道怎么表达情绪。

当然，表达情绪，不是说"我希望你现在就给我道歉"或者"你必须给我个解释"这种负气的话，而是要从解决问题的角度，把对话引导到你的沟通目标上来。

在高压的对话现场，主动地表达自己的情绪，需要勇气也需要技巧。我们分享一个万能的句式，可以帮助你客观、安全地表达自己的情绪，它的结构是：

> "我感到××（自己的情绪），因为我看到你××××（客观所见所闻）。但是，未来我们需要继续合作，因此，我需要了解咱们的分歧到底在哪里？（表达需求，引向沟通目标）"

整体上看，这个安全句式由三个部分组成，分别是：

· 客观说清楚自己的情绪感受。注意，表达情绪不是发泄情绪，你可以聚焦在自己的感受上，而不要指责对方。

- 解释你的情绪来源，也就是客观的所见所闻，而不是主观假设或者推断出来的内容。

- 表达你的需求，把对话引导到沟通目标上。

通过这种方式回应，既能安全地表达情绪，也能帮助你把对话双方拉回正确的轨道里。

额外技巧：升级自己的角色，激发正面情绪

如果你用上面的三步法，能应对自己在谈判或争取时产生的各种负面情绪，特别是愤怒、恐惧、厌恶这三种基本负面情绪，就已经比大部分人要做得好了。但在第三选择式的谈判或争取过程中，你还要让自己更加强大、主动，以便更自信地引导自己，更是鼓励对方与你一起谈下去。这时，你就需要再调取自己的正面情绪。

在谈判或争取现场，你可以调取以下三种正面情绪：

- 期待：你对达成第三选择式的解决方案有期许，所以你对新的方式、新的想法、新的思路都感到好奇、有兴趣，而不是把自己封闭起来。

- 信任：你相信对方，也相信自己，愿意把自己的需求说清楚，也愿意保持开放的心态，一块探讨第三选择式的解决方案。

- 快乐：你能真正享受控制自己的情绪、推进谈判进程、管理双方的期待，特别是与对方一起创造第三选择的过程。

上面这三种正面情绪，可以给你的谈判或争取带来更多的勇气、动力，以及镇静剂。有了它们，你就可以更好地去化解冲突与分歧，创造出第三选择。

那么，如何激发自己的正面情绪呢？这时，你需要启用升级自己角色的方法。谈判或争取中的角色，是指你以什么身份，要做什么事儿，达到什么目的。比如，在一次商务谈判中，你的角色可能是要扮演争取更多优惠的人，也可能是要扮演避免对方砍价太凶的人。你可以把这些角色理解为你在谈判或争取中的预设角色。

与预设角色不一样的是，临时角色是在谈判或争取的现场产生的。它需要你在现场有三步快速反应：首先，牢记自己的目标及本质利益；其次，实时敏锐地感知现场的氛围，判断谈话是否偏离目标或氛围过于紧张；最后，迅速根据现场情况调整自己的角色。

比如你的预设角色是要防止对方砍价太凶，但在现场推进中，你意识到不能只在价格上与对方争执不休，而是要尝试去创造第三选择。这时候你就会有很强的责任感，或者说主人翁精神，想要把双方带入第三选择式的谈判中，而不是只盯着价格谈。这样的角色就是你的临时角色。

生活中也是如此，你可能在对话刚开始，还想让另一半按你的意思来，但后来发现，你需要带着另一半一起看到一些新视角、创造新的方案，这时，你的角色就被升级了。

角色意识大量应用在工作与生活中。比如，工作上，你会努力启发对方思考更长远的利益、提醒对方意识到整体的需求，等等；生活中，你会主动引导父母更理解现代的育儿理念，或引导伴侣能看明白事业精进的必要性等。

谈判或争取一定会碰到挫折。有些人经历得多了，会被打趴下；但有些人，每次经历挫折时，总能调取自己的正面情绪，勇敢、坚韧地推进下去。在实践过程中，如果你这样做，也会尝到甜头，比如，与你一起参加谈判的领导，对你表达出的鼓励与赞赏；或者，你看到了对方跟着你进入第三选择式的谈判，且因此产生了积极的成果。这些积累，都会让你更快速、容易地调取自己的正面情绪，成为一项虽看不见但极为重要的谈判资源。

两招，学会疏导对方的负面情绪

在现实中，你能管好自己的情绪，并不意味着对方也能管好他的情绪，并配合你理性地交流，这该怎么办呢？比如，你有没有经历过下面两种谈判场景：

· 你是甲方，代表公司与一家业内比较知名的供应商 A 公司谈合作。你本想让对方降低一些价格，但对方的负责人钱总态度却非常强硬。你说一个理由，他有三个理由来反驳你。虽然他嘴上没明说，但句句都在告诉你：没钱合作就拉倒。你很郁闷，怎么会有那么牛气的乙方？

· 你还是甲方，正在与现在的供应商 B 公司交流工作进展。B 公司虽然价格便宜，但工作质量实在不行。你和对方负责人王总监展开了谈判，要求对方增加 3 个人手，但王总监憋红了脸，坐在会议室一言不发地听你批评，就是不开口答应你加人的要求。看你越来越急，他也只是机械地向你道歉。

上面两个案例都是我们夫妻俩经历过的真实案例。表面上看这两个案例很不相同，但本质上却都因为对方的情绪而影响了谈判进程，最终影响了公司的利益。当然，生活中也有很多情况是对方的情绪导致交流低效甚至失败。

那么，在这种情况下，我们该怎样做才能管理好对方的负面情绪呢？

快速识别谈判中对方的两类负面情绪

和我们自己有情绪一样，对方也很容易在交谈中产生情绪。如果一件事情到了需要通过谈判来解决的地步，那就意味着其中有着靠简单沟通协调不了的利益分歧或冲突。既然对方与你有冲突，那他就会本能地带着想要战胜你的目的与意识来跟你谈判。

同时，第三选择式的谈判或争取如果掌握不好，还会导致更多负面情绪。如果对方没经受过专业的训练，无论是关于公平原则的谈判，还是通过提问来了解对方的需求，都很容易被误解为"怀有恶意"的攻击行为。这首先是因为中国人的交往有很强的重情轻理倾向，其中的"理"就包括利益、是非、真假、章程、道理等[①]。你坚持的标准与程序越清晰，在对方看来可能越是有备而来的攻击。

要想管理对方的情绪，识别它们是前提。和自己的情绪一样，谈判中对方的情绪一般也会有两种：一种是爆发式的，另一种是沉默式的。

在谈判中，爆发式的情绪比较好识别，但在紧张的谈判现场，有时候我们还是会忘记告诉自己，这些表现代表了对方的负面情绪。这类情绪通常有两种表现：

- 控制对话：对方会通过提高音量、强行抢话、身体语言等方式，试图掌握对话的主导权。
- 语言攻击：对方会通过直接或间接地质问，甚至爆粗口等方式攻击你，试图在对话中把你打趴下。

---

① 翟学伟著：《中国人行动的逻辑》，69 页，北京，生活书店出版有限公司，2017。

无论是哪一种表现，对方这种强烈的情绪背后，都是想告诉你：他是对的，你是错的，你得听他的。

我们自己印象最深刻的一次经历，是与某客户的女采购经理进入价格体系的谈判时，她居然站了起来，走到椅子后面，把双肘放在椅背上，摆出了一种俯看我们的姿势，配上她的职业条纹套装、细高跟鞋，情绪一触即发。

而沉默式情绪可就没有那么好识别了。你可能会觉得奇怪，谈判时根本不会沉默啊，怎么还会有沉默式情绪？其实，谈判时经常会出现对方把情绪憋在心里的情况，虽然不会在语言上直接爆发出来，但依旧有两种常见表现：

· 陷入沉默，不做回应。就像前面例子中的供应商 B 公司的王总监那样，憋红脸，任我们说，就是不说话。虽然他嘴上没说什么，但内心可能也把我们骂了千遍万遍了。

· 避开主话题，重复说着没用的话。供应商 B 公司的王总监重复地道歉，不敢与我们在当前话题上正面交锋，就是代表。

沉默式情绪的本质，是对方缺乏安全感，想快点逃跑，但又没办法直接逃离当前的对话。

如果你在谈判或争取中，观察到上述两种情绪的四种表现，那你就要暂停推进，并马上启动情绪"泄洪"程序，来疏导对方的情绪。

情绪"泄洪"的关键是让对方有安全感

在谈判或争取中，情绪来时很像洪水。要治洪水，靠堵和压制是不行的，因为越堵、越压制，情绪的洪水就会越积越多，总会有决堤的时候。治洪水得靠有策略地疏导、有技巧地泄洪。

当对方的情绪像洪水一样倾泻而来时，你可以用两个非常实用的技巧，来为对方的情绪"泄洪"。

技巧一：暂停对话，即刻道歉

当你观察到对方在对话中表现出了情绪，随时可能脱离正常的对话时，你一定要马上暂停对话，即刻道歉。你可以说："对不起，如果我刚才的表达让你生气或不舒服了，我先向你道歉。"

回到刚才说的让我们印象深刻的女采购经理的例子，当她站起来准备进攻的时候，我们就是用这个方法，让她冷静下来的。我们对她说："抱歉，如果刚才我们在谈价格标准时，因为太心急让你生气了，我们向你道歉！"

你别小瞧这句话，它可以让原本可能陷入爆发式或沉默式情绪中的对方冷静下来。你要知道，对方之所以要表现出情绪，无非就是想通过这样来告诉你她不爽了，而你马上通过道歉，放低姿态，告诉她你知道她生气了，她还有什么理由再继续用情绪来博得你的注意呢？

也许你会问，动不动就主动道歉，会不会显得非常软弱，不利于谈判或争取？其实不是，因为谈判等高难度沟通的黄金原则之一，就是始终确保对话的安全氛围[①]。没有安全氛围作为基础，你所有的表面强势或坚持，都只会把对话拖入僵局，收不到半点成果。

需要强调的是，道歉并不是没有原则的。你只是在为自己言行产生的客观影响而道歉，比如在"对不起，如果我刚才的表达让你生气或不舒服了，我先道歉"一句中，你并不是因为自己的动机、原则或观点道歉，而只是为"对方可能因为你的表达而不舒服"这一客观影响而道歉。

技巧二：认可对方的情绪，并表达出来

谈判是一种沟通，要想沟通顺畅，你需要让对方感觉舒服。而让对方感觉舒服的前提是，他能感受到你理解他的感受与情绪。这份情绪可以是正面的（比如开心、兴奋），也可能是负面的（比如失望、生气）。

那么，什么叫"认可对方的情绪，并表达出来"呢？这有点儿像前面积极聆听的技巧，关键在于大大方方地把对对方情绪的认可表达出来，从而把对话拉回到正轨上。

我们不妨举前面提到的爆发式情绪的案例来说明。比如，当与钱总谈判时，你发现，你说什么，他都试图找到更多的证据来

---

① [美]科里·帕特森、[美]约瑟夫·格雷尼、[美]罗恩·麦克米兰、[美]艾尔·史威茨勒著：《关键对话：如何高效能沟通（原书第 2 版）》，毕崇毅译，49 页，北京，机械工业出版社，2012。

证明他是对的、你说的不合理，这时你就会识别出他肯定有某些情绪。如果你不愿意用道歉的方法来为他的情绪"泄洪"，也许可以这样说：

> "我能感受到你对降价的要求比较反感，但我理解这是你从你们公司，以及你的专业出发的，我猜也可能是以前其他甲方经常不合理地让你们降价导致的。如果真是这样的话，我想请你先放下成见，因为我要与你们交流的，与甲方乙方无关，只与合作本身有关，好吗？"

这段话中，前半部分就是在做"认可对方情绪，并把它表达出来"的工作。我们在实践中，发现它的作用完全不亚于直接道歉。它能成功的本质原因其实也一样：一个正常的成年人，在知道自己的情绪感受被识别并认可后，是不会再无理取闹，跟你要脾气的。

这两个方法同样适用于对方表现出沉默式的情绪时。比如，在第二个案例中，当你明显地感受到王总监已经表现出沉默式情绪，你可以这样对他说：

> "王总，如果我刚才太着急，让你情绪上不好受的话，我先道歉。现在做生意都不容易，如果换成是我，可能也会觉得在公司内部很难运作。你们既要帮我们降低成本，又不能降低质量，难为你了。我也知道，因为我是客户，你也不好

发作。但是，问题还是要解决的，我希望你能坦诚与我讨论出一个解决方案来。"

你可以想象，如果王总监听到你不仅道歉了，还理解他，认可了他的情绪，又合理地请他与你一起解决问题，他大概率不会再陷在沉默式情绪中，或者只是向你做没什么实质意义的道歉的。

当然，应对谈判或争取中对方出现的爆发式或沉默式情绪，只是管理对方情绪的基本能力。为了实现与对方一起讨论解决方案，拿到自己要争取的利益，你还需要学会激发对方的正面情绪，从而让对方能以更加兴奋、开放、积极的姿态，与你一起探讨第三选择。

激发对方的正面情绪，与你一起解决问题

在沟通中，激发对方的正面情绪有很大的作用。我们不妨来先来看两个日常工作和生活中的小案例：

- 你去买东西，导购小姐夸你眼光独特、有品位，你就很有可能会一高兴多买几件衣服，或者不想跟她砍价。
- 你带的团队在执行一个预算不高但很复杂的项目，本来你应该尽力去争取让客户给你付更多的钱，但是因为客户一直表扬你的团队既专业又接地气，你觉得难得遇到一位不

挑剔的客户，不仅没有开口要更多钱，反而更加有干劲了。

这样的场景感觉熟悉吧？它们本质上都让你在情感上得到了某种满足，进而影响了你对服务质量及价格的判断。而类似这样的小方法，同样适用于谈判或争取中，它可以让对方与你一起积极做大原本较小的"蛋糕"，最终为各方带去更多的利益；同时，也因为谁都喜欢跟能成事还相处舒服的人打交道，你和对方的信任关系也会更扎实，未来也有更多合作的可能。

接下来，我们将结合谈判大师罗杰·费希尔和心理学家丹尼尔·夏皮罗的联合研究[①]，给你分享三个激发对方正面情绪的习惯，以便你在交流现场更好地调动对方的情绪。

习惯一：学会认可对方

人都有很强的自我认同需求，而人对自我的认同，很大一部分又来自我们和他人的互动，这就是为什么我们在沟通中，时刻都期待被别人接纳和认可。从我们的实践和咨询经验来看，中国人恰恰最不会主动表达对别人的认可及赞赏，在谈判中就更加如此了，打击对方还来不及呢，怎么会去想着认可对方？

其实，表达认可并不代表屈服，而是意味着打开更多可能性。我们说的认可更多的是找到对方观点、想法或者行为中正确的、

---

① [美]罗杰·费希尔、[美]丹尼尔·夏皮罗著：《高情商谈判》，熊浩、许占功译，北京，中信出版社，2018。

值得被认可的部分，而不是盲从或没原则的谄媚。那该怎么做呢？
有两个实用的技巧。

技巧一：从对方过往的行为中，找到可取之处

在谈判或争取的过程中，无论当时的状态是不是让你满意，
对方一定为这次谈话做出过努力，比如提前准备了详细的报表，
或者为了解决某个问题已经做过很多尝试，甚至哪怕是特意选了
一个环境适合的会议室，等等，都算。

尽管这些行为产生的结果不能完全符合你的期待，但它们本
身依旧值得被认可，因为大部分人还是希望能和对方一起解决问
题的。这种时候，你就可以用下面这样的句子来表达对对方行为
的认可：

- 我很感谢你们之前两个月付出的努力，帮助大家一起协调
  解决问题！
- 虽然之前的尝试没有获得预期的结果，但你们的探索帮大
  家拓展了思路。

技巧二：从对方的想法或观点中，找到可取之处

谈判或争取现场，最容易引起争执的就是双方在理念、想法
或观点等务虚话题上的冲突。但很多时候，抛开情绪的因素，你
会发现无论对方错得多么离谱，他的想法或观点里总有一些是对

的、值得认可的。这种情况下，你就要努力去寻找中间值得被认可的地方。

比如，如果对方跟你讲了三方面不能降价的原因，分别是：大环境不好导致生意不好做，项目太复杂，以及目前的成本太高。前两方面你都不认同，那你可以这样来回应："谢谢你告诉我你的想法，你刚才说的成本这一点，我也觉得非常重要。咱们能基于这一点展开详细讨论，一起解决你们的成本问题吗？"

你看，这句话不仅让你找到了认可对方的机会，同时还将对方聚焦到你想讨论的话题上。你也可以使用下面这些例句，认可对方的想法或观点：

· 虽然这个想法还有待更严谨的论证，但我非常感谢你提出了新的思路！

· 你这个思考角度很特别，值得参考！能告诉我，你是出于哪些原因想到这一点的吗？我们可以共同讨论，让它变成可行的方案。

习惯二：尊重对方地位

工作与生活中，我们发现总是有很多人的自尊心很脆弱，也喜欢刷存在感。其实，这是因为所有人都希望自己辛苦打拼来的地位与身份能够被认可——在工作、在家庭中都是如此。

然而在沟通现场，人们经常会忘掉这一点。比如，你是否听到过这样的话："把你们能管事的人找来，我要跟他谈谈！"可以想象，谁都不太愿意听到这样明显贬低自己身份的话。越是不尊重对方的地位，对方就越会想方设法来展示他的地位，从而为对话带来很大障碍。当然，这个规律同样适用于生活中的沟通场景，不管是另一半，还是七大姑、八大姨，都希望得到尊重。

那么，在谈判或争取中，如何才能避免冒犯对方的地位，同时激发对方的正面情绪呢？我们建议你分两步做：

· 谈之前就弄清楚对方是谁，担任什么样的职务（或自认为是什么角色）。
· 在现场，能够根据对方所扮演角色对你目标实现的作用，大大方方表达你对他的感谢与尊重。

比如，你可以说这样一句话："非常感谢王主管在这个项目上的支持，我知道您和团队在这个领域非常有经验，期待您能带着我们找到一个更好的解决方案！"

需要注意的是，地位不一定只体现在职务上，如果对方有非常过人的才华，或者在某个项目中扮演着职务上体现不出来的角色，你都应该尽可能去认可而不是压制对方的地位。

比如，你可以这样说："我们非常羡慕小王在这个领域里面的创意经验，我相信有小王参与到这次谈判中，一定可以启发我们找到更多解决问题的方向。"

习惯三：尊重对方的自主权

谁都渴望自由与自主，希望能用自己的方式达成目标。很多时候，谈判陷入僵局或争吵状态，就是因为沟通中的一方侵害了对方"希望有自主权"的情感需求。

我们在以往的咨询经验中发现一个不太好的倾向，就是很多人都希望自己成为一个非常有进攻力的谈判手，似乎人人都希望变得更加强硬。比如我就曾听某些客户说过："你想要达成合作，就得按着我的规矩来。"或者"你今天必须告诉我你们的决定，过了傍晚6点，我们的报价就失效。"

其实，类似这样的强悍表述，在谈判现场特别是在第三选择式谈判中，并没有太大的效果。我们经常会看到，即便这个合作本身很不错，但是因为一方侵犯了对方的自主权，往往会招致不必要的抵抗，比如供应商会因此而弃标。

那么该怎么做，才能避免侵犯对方的自主权呢？我们分享三条建议：

第一，尽可能提前邀请对方一起来商量、确认谈判的准备工作。这是因为，相比谈判现场说的话，一些有关谈判安排的设定，更加容易侵犯对方的自主权。比如，一方单独起草了所有的合作条款；再比如，在没有征询对方建议的前提下，直接定了一个谈判的日程及地点。所有这些行为，都需要避免。

第二，尽量避免说太绝对的话，如果你不得不说，也请用征询式的口气来表达。比如，实在谈不下去时，你不能说"你一定要这样，咱们没法聊下去!"，而可以说"我观察到，今天可能我们的进展有些困难，能否建议咱们暂时休会，明天再谈?"

第三，如果对方在得出结论前，必须要征询团队、老板等关键人士的意见，你可以说："我相信大家都理解现在这个项目的紧迫性，但在今天咱们做出决定之前，我能否请您与贵司的领导做最后一次交流，在今天晚上 8 点前定下价格?"这样，你既尊重了对方作为这次谈判负责人的自主权，也督促了他尽快与内部达成一致结论。

如果你能做到上述三点，不仅可以避免侵犯对方的自主权，还能展现出你的尊重，从而激发对方的正面情绪。

当然，正面情绪的调动，不只是在谈判桌上。从谈判前到谈判后，你都可以做一些小事情，比如主动为对方买一杯咖啡，平时在对方的朋友圈里点一个赞、留下一句真诚的评论，等等，这些都能为你调取对方的正面情绪打下基础。

最后，我们想特别提醒你的是：中国文化环境中的争取，需要有很大的"情"的成分，不是讲道理就能被认可的。因此，无论是在出发点还是在技巧上，我们都要注重人缘、人情、人伦，而不是机械地照搬或盲目追求以逻辑与道理为主的西方谈判或沟通模式，最后弄成既不近人情更不近理的糟糕局面[1]。这也是为什么我们要拆解那么多关于交流中的情绪管理的方法。

---

① 韦政通著：《伦理思想的突破》，9 页，北京，中国人民大学出版社，2005。

要点小结

◆ 情绪本身是中性的，我们不用强逼自己没有情绪，恰恰相反，我们需要认识到情绪的正面与负面影响。

◆ 在争取的过程中，我们要学会管理自己和对方的负面与正面情绪的理念与方法，从而成为一名能果断推进但又从容沉着的争取者。

◆ 管理情绪的关键切入点是调整自己及对方对所见所闻的主观判断，它需要你主动表达，并了解容易激发情绪的三方面原因：价值观的不同、实际利益的冲突，以及关键信息的缺失。

◆ 无论是自己还是对方，激发交谈过程中的正面情绪，对促成第三选择非常重要。

第十二章

用好高难度沟通技巧，将谈崩扭转为合作

在上一章中，我们分享了交流过程中管理双方情绪的方法，如果能比较好地管理负面情绪，也能时不时地激发正面情绪，谈判或争取就能变得顺畅很多。但无论是要求升职、加薪，还是砍价、追钱，或是生活中要求对方多做、多付出，都是自带冲突与矛盾的话题，也会涉及很多敏感点，因此，双方在交流时，难免都会过度紧张，一不小心就会陷入僵局，或直接谈崩。

从沟通的专业来说，上述场景都属于高难度沟通，仅能够清晰表达解决不了这些问题。因此，这一章中，我们将为你介绍两个高难度沟通的专用技能，以帮助你在复杂的谈判或争取现场，将对话推进下去。

谈成不易，谈崩却太容易

我们来看两个案例：

这是一次甲方与乙方的谈判。甲方没有按照合同及时付款，乙方因为拿不到钱，减少了人员投入。没过多久，双方合作的质量就出现了问题，大家只好坐下来谈判，争论谁对谁错。但是因为双方都理亏，说话的时候难免闪烁其词，谁都不敢主动挑明关键话题。结果交流就陷入了僵局，自然也解决不了问题。

另外一个案例，发生在我们自己身上。

有一次，我们所在的集团公司，跟一家刚起步的小公司谈合作。这家小公司曾经帮过我们一个大忙，我们也因此开始探索是否有更多的合作机会。可能是因为我们公司的各种条条框框比较多，对方负责人觉得开始得很不顺畅，以至于还没怎么进入正式谈判，她就非常生气，跟我们说："你这是过河拆桥，要故意搞我。"

我们听了非常郁闷，心想：明明是我给你生意机会，你怎么可以平白无故说我是过河拆桥？但好在我们学过谈判中的高难度对话技能，因此没有凭着直觉与情绪与她争论，避免了不欢而散。

上面两个案例的场景很常见，如果缺乏沟通技巧，就会导致无法处理谈判现场出现的僵局或对话脱轨的情况。

我们发现，很多人在碰到拖欠尾款、质量不达标等敏感话题，或者与对方观点、理解有分歧或冲突时，表达就会变得支支吾吾，不敢明明白白地说清楚。缺乏表达技巧，很容易导致一开口就引来反感与抵抗，从而使谈判陷入僵局。那么，怎样说话，才能避免一张口就惹怒对方？怎样表达，才能应对对方的误解或指责？我们分享两个高阶沟通技能。

用好中性表达，清晰表达而不激怒对方

在前面甲乙方的案例中，之所以会陷入僵局，一方面是因为双方都怕惹恼对方，到时不知道如何收场，另一方面也是怕洽谈中的合作破裂，要去承担面子上与实质上的失败压力。但语言艺术的奇妙之处，就在于它能够让我们做到"又软又硬"。软，是指能够软化我们表达的观点对他人带来的伤害；硬，是指能在温和的表达中，将观点表达得坚定、清晰。

"中性表达法"就是这样一项技能，它是指我们在表达时，能够做到：

- 不只是以事实为主，也不只是以感受为主，而是平衡事实
  与感受。
- 不完全以你为主，也不完全以对方为主，而是兼顾双方。
- 不完全强势，也不完全妥协，而是平衡清楚表达与礼貌
  得体。

我们不妨来看工作及生活中的两个中性表达示例：

- 我知道你们的团队非常优秀，向来尽心尽责，曾经也做出
  过很多漂亮的项目，但同时我也知道，这一次你们并没有
  竭尽全力去做。
- 我非常理解你最近工作实在太忙了，我也很心疼，但你这
  两个月来对孩子学习上的事完全不顾这一行为，也让我非
  常失望。

在讨论敏感问题时，作为一种兼顾事实与感受、己方与对方
的表达方式，中性表达能够帮助我们既清楚明白地表达自己的观
点，又不至于因此而激怒对方，让对话陷入僵局。以下是做到中
性表达的三个技巧点：

- 清楚描述观察到的事实；
- 完整表达自己的感受与观点；

· 真诚征询对方的观察与想法。

具体怎么做呢？我们一步一步来拆解。

第一步：清楚描述观察到的事实

在谈判或争取现场，双方都处于巨大的压力之下，会本能地进入战斗模式中。在这样的客观情形下，我们说出来的话经常欠考虑、不周全，其中的一个表现就是容易轻易下结论。

比如，你可能也听到过类似的话：

· 你们明知道这个项目有多重要，为什么不提前多安排一些人手？
· 你们为什么每次都要虚报一个高价，然后让我们一遍一遍地砍呢？
· 很明显，你这是在故意拖延时间，让我与你爸妈之间的问题不了了之。

有没有发现，上面几句无论是疑问语气还是陈述语气，都有一个共同的特点，那就是武断地下结论。不难想象，这样的表达方式是非常容易激怒对方的。要避免这样的情况，就要在下结论前，清楚描述你观察到的事实经过，并且尽可能软化措辞。

这个技巧有三个要点：

- 基于观察：你表达的是基于观察到的客观事实，而不是臆想出来的。
- 体现细节：尽可能体现你观察的细节，包括数字、时长、价格、范围等（如过去两个月里对孩子学习的关注等）。
- 软化表达：即便是基于事实推导，你在给出结论时，也需要尽量软化表达。

比如，刚才上面的三句话，可以这样来说：

- 我观察到，这个 200 万级的项目，你们只安排了两个人在跟进，按我自己的经验，人手可能有一些欠缺。
- 我发现在过去半年中，你们至少有三次，在报价时会报出一个较高的价格，而最后的成交价与最初报价会有 30% 左右的差距。所以我想了解一下是不是你们习惯了先报个高价？
- 从咱们一个月前沟通开始到现在，我们已经来来回回交流了五次，你每次都说会和你爸妈聊一下，但到目前为止，我既没发现你们直接交流，也没看到你去约他们的时间。我不知道你是否是在拖延时间？

你看，相比上来就抛结论，上面的三句话更多是在讲事实，并且试探性地说出一个结论。沟通的专业领域有一个规律，那就是"事实是最不会引起争议的内容"。大到国家之间的谈判，小到个人之间的沟通，都是如此。

第二步：完整表达自己的感受与观点

如果说，第一步是讲明白你观察到的事实，第二步则是讲明白这些事实给你带来的感受，以及你得出的观点。

对于很多人来说，表达自己的感受很困难，特别是在表达负面感受时，这里既涉及勇气的问题，也与个人的语言储备以及平时的表达风格有关。美国知名的沟通专家、哈佛大学法学院教授道格拉斯·斯通就曾经指出："表达自我是一项极其艰巨的任务，而寻找表达自我的勇气，则是一个贯穿你一生的历程。"[①]

为了帮你克服这一困难，我们分享给你三个好用的技巧：

· 直截了当说明白，不要让对方猜心思，也不要软弱；
· 抓住当下谈话的重点，不要一次说太多问题；
· 使用对比法来说明白你的感受。

下面我们举几个例子，来展现如何用这些技巧完整表达自己的感受与观点，比如：

---

① [美]道格拉斯·斯通、[美]布鲁斯·佩顿、[美]希拉·汉著：《高难度谈话》，王甜甜译，176页，北京，光明日报出版社，2018。

- 我知道你们的团队非常优秀，向来尽心尽责，曾经也做出过很多漂亮的项目，但同时我也知道，这一次你们并没有竭尽全力去做。
- 我非常理解你们最近在经营上的困难，对此我也感到很难过，但同时，你们在这次合作中的表现也让我非常失望。
- 我理解你们可能习惯了先报一个高价，但是我认为，咱们也合作半年多了，没有必要浪费时间一遍遍砍价。

第三步：征询对方的观察与想法

就像我们之前提到的那样，很多人在谈判现场都会倾向于压制对方、战胜对方，让对方知道只有自己这方是对的、合理的。但这种表面上的强势往往并不能影响对方，让对方真正接纳你的观点。

第三选择式的谈判或争取，讲究的是"共创"，在观点的形成上也是如此。因此，这一步就是要让你学会做一件谈判高手才会做的事儿：鼓励对方说出不同的观察与想法，形成自由的交流氛围去讨论，从而更高效地达成一致。

为了做到这一步，你需要注意以下几点：

- 为对方创造安全感。你要说明白：无论自己与对方的观点有多么的不同，你都洗耳恭听，不会与他争论。
- 请对方表达观察到的事实，以及对此的感受。和表达自己一样，你请对方表达的，也是观察到的事实，以及他的感受，而不是让他说没有事实依据的结论，或发一通无名火。如果对方不是在谈观察及感受，你可以及时地引导他。

· 引导对方参与讨论。当你发现对方在你的引导下，依旧不敢表达他们的观察与感受时，可以引导对方来表达，让他们逐渐跟你一起参与到对问题的讨论中。

这些方法听上去可能有一些抽象，下面我们给出几个例句来说明：

"虽然在及时付款以及项目质量上，我们俩的看法可能不一样，但没关系，我非常愿意先听听你是怎么看待这件事情的。"（这是在创造安全感）

"我之所以觉得你们可能是在故意拖延时间，完全是基于我看到的事实，以及目前我的感受，但站在你们的角度，你可能有不一样的观察与看法。不妨请你说出来，我们看看如何一起解决。"（这里在引导对方讲出他的观察与感受）

"我刚才提到，根据我的观察，你们可能是在虚报高价，但也许这一次你们的确有理由报出较高的价格。因为我并不清楚你们报价背后的考虑，能否请你们给我讲一下理由？"（这里是在引导对方参与到讨论中）

以上三步，就是帮助你在谈判现场大大方方表达自己，又不惹恼对方的核心步骤。当然人跟人之间的交流并没有那么机械，交流现场也需要你能够灵活地根据实际情况，重复并坚持使用这三个步骤，从而慢慢化解双方理解上的分歧及冲突，并把敏感棘手的话题拿到台面上摊开来谈。

我们要做一名"温柔的强硬派"，无论在沟通现场面临怎样的僵局或者争执，都能抓住关键矛盾，坦诚地交流，以解决问题，这是坚定与强硬的一面。但说明白关键问题，并不代表我们就可以激怒对方，惹恼对方。

> 我们在描述事实和表达自己的想法及观点时，需要足够的自信、坚定；在鼓励对方说出他们的想法及观点时，要足够的谦逊、真诚。

学会改造对话，避免被对方激怒，并推进对话

中性表达法，经常用于修饰自己的表达，以让对方更容易接受你的要求与观点。但如果在交流现场，对方说的话让你特别委屈、生气，你该怎么应对呢？这时候，你就需要"改造对话"这个沟通技巧了。

所谓"改造对话"，就是基于对方说的话，改造出有利于对话正常进行的内容，来引导对话，从而"逢山开路，遇水架桥"，把

陷入争论、僵持或跑题的双方，拉回讨论解决问题、扩大利益、创造第三选择的正轨上来。

我们不妨以本章开头的第二个案例，先给你展示一下我们在被对方误解，说我们过河拆桥时，是怎么改造对话的，然后为你拆解其中用到的技巧。

当时，我们调整情绪后是这么说的：

> "我能感受到，你对于我们这些繁复的流程与准备，非常不理解，也很生气。我们没有任何要伤害你的意图，但对它们给你造成的困扰表示抱歉。同时，我也很愿意了解你是怎么觉得我们想过河拆桥的，好方便我推进跟你的合作交流。"

相信你能通过这几句话，感受到话题的转变。我们接下来就详细拆解一下这段话中使用的技巧，我们称它为"改造对话三步法"。

第一步：启动积极聆听模式

管理沟通现场的冲突，最直接的办法依旧是我们第八章提到的积极聆听。它是推进对话的根本前提，因为一旦缺乏聆听，就会出现两种情况：一种是对方认为你不理解他说的话，因此一直努力重复他的观点或者信息，以达到让你理解的地步；另一种是对方陷入情绪中，要么不断与你争吵，要么选择沉默。

无论是哪种情况，都会误导你和对方陷入无效争执，或者导致你单方面一直在说，对方却拒绝接收你的信息。本质上，这都不利于你向前推进对话。

比如，在前面被指责过河拆桥的案例中，如果以前我们没有经过训练，那反应就会是跟对方争论，结果越争越乱，不仅影响情绪，也没有实质性地推进对话。而在掌握了积极聆听的技巧之后，即便我们听到"你这就是过河拆桥"这样的话时，心里也会不爽，但至少能够耐心地听对方表达完，并且及时地说一句"我能感受到，你对于我们这些繁复的流程与准备，非常不理解，也很生气"来认同对方的感受，从而引导对方把更多我们不了解的情绪、观察、观点说出来。

第二步：吸纳中心思想，找准切入点，改造对话

改造对话的精髓在于，无论对方说了哪些不公平、让你生气的话，你都有能力将它重新改造为有助于推进谈判的话题。要做到这一步，你需要学会"吸纳对方话里的中心思想"。为了让你有直观的理解，咱们还是来分析刚才这个例句：

> "我能感受到，你对于我们这些繁复的流程与准备，非常不理解，也很生气。我们没有任何要伤害你的意图，但对它们给你造成的困扰表示抱歉。同时，我也很愿意了解一下你是怎么觉得我们想过河拆桥的，好方便我推进跟你的合作交流。"

在这个例句中，从"我们没有任何要伤害你的意图"开始，就已经在改造对话了。"我们没有任何要伤害你的意图"这句话，其实就是吸纳了对方说"要故意搞我"的中心思想，也就是对方带着情绪来控诉我们要故意伤害她。所以我们才会在认同了她的情绪之后，直接清楚地告诉她："我们没有任何要伤害你的意图，但对它们给你造成的困扰表示抱歉。"这样，既对她的控诉做出了回应，也为接下来导入新的话题打下了基础。

吸纳了对方话里的中心思想，就可以有针对性地找准切入点改造对话了。为了让你在紧张的沟通现场能快速总结对方话里的中心思想，并迅速找到切入点去改造对话，我们提供了一个针对五种不中听的话的改造参考工具表（表 12-1）。

表 12-1　改造对话参考工具表

对方的中心思想	改造的切入点	改造例句
对方坚持认为他说的都是真相。比如，我们经常听到的"我说的都是事实"。	讲清楚你观察到的事实	"站在你的视角，你可能会觉得你看到的是事情的全部，但我也想从我的视角分享一下我观察到的一些事实。"
对方控诉你的意图。比如，"你这是过河拆桥，要故意搞我"。	讲明白你的意图，并对他产生的客观影响表示抱歉	"我们没有任何要伤害你的意图，但对它们给你造成的困扰表示抱歉。"
对方对你做不公平的评价。比如，"你是我见过最不专业、最不靠谱的人"。	先对对方的感受表示理解或认同，然后让对方说明评价背后的具体依据	"我理解你现在非常生气，也希望能听听你具体的反馈。"

续表

对方的中心思想	改造的切入点	改造例句
对方尝试逃避责任。比如，"我们并没有做得不对"。	讲明白当前合作，需要双方做什么	"放心，我并没有在责怪你们有什么做得不对的地方。我更关注的是为了推进接下来的合作，咱们可以一起做哪些事情。"
对方指责你的问题。比如对方说你："这都是你的错!"	认可自己的责任，同时指出双方的责任	"我很抱歉，合作出现问题，肯定有我们的原因。但既然是合作，我相信责任肯定是双方共担的，里面也有你们需要改进的地方。我们能否一起商量怎么解决问题?"

在这个表里，我们总结了五类对方可能让你生气、导致谈判脱轨的话，也分别给出了改造这些话的切入点和例句。有了这张工具表，你基本上就能知道，如何在现场根据不同的情况来改造对方的话，从而从容应对谈判或争取现场可能出现的对话僵局。

第三步：暂停对话，把当前矛盾作为新话题，专门来探讨

如果你执行了前两步，对方依旧纠结在他一直想说的话题里，比如你试图把对话改造到探讨双方的共同责任上，但对方仍不依不饶地试图说你在这件事情中做得不对的地方。这种情况下，你就可以启用第三步：暂停原来的对话，把当前矛盾作为新话题，专门来探讨。

现实中，沟通高手都是能引导对话的那个人，但"引导对话"并不代表只能机械地遵循原来设定的议程，而是可以根据现场的需要灵活调整话题。想象一下，如果对方一直纠结在我们"是在故意坑她""是在过河拆桥"这样的情绪与心结中，那么，对话就没办法真正推进下去。这种情况下，我们就必须暂停下来，先把这个心结解开了，对话才能正常进行。

回到我们的例句中："我也很愿意了解一下，你是怎么觉得我们想过河拆桥的，好方便我推进跟你的合作交流。"这句话，其实就是抓住了当前的矛盾，专门作为一个话题来讨论。

这一步的关键是在于你能提炼对方过去一直纠结的话题，并且清楚地表达出来，将它作为一个新的话题来讨论。为了方便你理解，我们再举两个例句让你感受一下：

- "我发现，不管我们讨论什么话题，你最终都会回到我们对服务好坏的不同理解上来，也许我们应该先仔细讨论一下服务标准，再去讨论价格条款，否则咱们的交流只会停滞不前，无法取得任何成效。你觉得呢？"

- "不好意思咱们暂停一下，我发现每当表达一个我认为很重要的观点时，你都会不断地打断我，这样的情况在今天的交流中已经出现了四次。我能感受到你心里有点儿不爽。如果你内心有什么跟我们不一样的想法，不妨说出来。我愿意耐心听你说完，这样能确保我们双方都能继续心平气和地谈下去。"

根据我们的实践经验，这样的例句，不仅可以帮你在谈判或争取现场扭转方向，更重要的是，可以避免双方在没有意义的话题上互相争论、攻击，浪费时间。

无论是中性表达还是改造对话，它们都建立在你把自己当成推进谈判或争取的主人，而不去怪罪对方为什么不够成熟、不够配合这一前提上。它体现了你对人性的包容，也展现了你使用科学的沟通技巧修复不可能谈下去的对话的能力，大大提高双方在矛盾与冲突中解决问题、实现争取的成功概率。这在我们人生的不同阶段、不同情景中，都是一项难得的本事。

要点小结

◆ 在谈判或争取现场，由于自己或对方缺乏沟通技巧，很容易导致对话陷入僵局，甚至谈崩。因此，我们既需要学习如何确保自己在表达观点时清晰有力，但又不将对方激怒；同时，也要学会当对方说了不中听的话时，自己有能力接住、改造，将对话继续推进下去。

◆ 作为一种兼顾事实与感受、己方与对方的表达方式，中性表达能够帮助我们既清楚明白地表达自己的观点，又不至于因此而激怒对方，让对话陷入僵局。做到中性表达需要三个技巧点：（1）清楚描述观察到的事实；（2）完整表达自己的感受与观点；（3）真诚征询对方的观察与想法。

- "改造对话"是基于对方说的话，改造出有利于对话正常进行的内容，来引导对话，从而把陷入争论、僵持或跑题的双方，拉回讨论解决问题、扩大利益、创造第三选择的讨论正轨。你可以参考我们的工具表，从容改造五种最常见的不中听的话。

第十三章

从容化解谎言与诡计，让成果落地

人性是复杂的，工作或生活中也并不是人人都好相与。即使你讲规矩、态度好、心态正，也难免会碰到喜欢撒谎、耍诡计，或仗势欺人的"小人"，他们常常会让原本可以正常推进的沟通，变得复杂、艰难，最后损害你的利益。

有很多人因为看不上这样的对手，或是自己能力上不能应对，选择放弃与这些人打交道，也不屑与他们交流。虽然从价值选择上这没什么不好，但时间久了，我们也会丧失与"小人"打交道的能力。这既会影响我们自己人生的长远发展，也丧失了通过交流、启发、引导他人成长的机会。

在这一章中，我们将在前面章节所分享的技能基础上，教你如何用第三选择式谈判，应对复杂的谈判或争取局面，化解这些不高明的谈判手段，让你做一个既温柔又睿智的强硬派。这些技巧包括：如何应对对方的谎言、如何处理对方的诡计，以及如何在谈判现场就做好沟通，为成果的落地做好保障。

温柔又强硬，可以让自己不好骗

无论在商业世界还是日常生活中，沟通中的欺骗并不少见，在谈判中，欺骗有时也会被当成一种达成目的的策略。然而，在合作中，使用欺骗策略，长期来看，对自己只有坏处。既安全又明智的策略是"一报还一报"。正是基于这个理念前提，我们会建议你不要主动先去骗对方，但一旦发现对方在骗自己或用小诡计时，我们也要在第一时间明确反击。

想要在现场从容、强硬地处理对方的谎言，一要学会识别对方的谎言，二要有方法用得体的方式表达自己不好骗，并能将对话继续推进下去。

三类最常见的谎言

一般来说，我们会在交流现场碰到以下三类谎言：

- 提供虚假事实与信息
- 掩盖自己的真实意图
- 故意夸大自己在谈判中的决策地位

提供虚假事实与信息，是最常见的一类谎言，最常出现在我们不熟悉、不了解的领域。从提供虚假的产品成本信息，到故意夸大生产难点，再到瞎编规则来糊弄你……这些虚假事实与信息，都会误导你的判断，最终损害你的利益。

掩盖自己的真实意图，是谈判中危害非常大的谎言。比如，有些合作方就是想骗了钱就跑，所以在现场会一直强调预付的重要性，试图让你先给他打钱，并且打更多的钱。再比如，有些客户就是想骗方案，从来没打算真的付给你钱，只是在现场套你的话与想法。如果你不能识别这些情形，就会陷入非常危险的境地。

故意夸大自己在谈判中的决策地位这种情况虽然比较少见，但一旦碰上，你同样会陷入非常不利的境地。比如，对方派出一位中层经理来与你谈判。谈判桌上，他拍着胸脯说可以对价格、条款做主，请你务必给出各种优惠条件、分享各种内幕信息。当你因为信任他，提供了各种优惠与信息时，他却告诉你，他还要基于你的条件与信息，找领导商量一下。最后，他的领导要么基于你已经给出的优惠，再压你的价；要么是利用你暴露的信息，再打压你。无论是哪一种情况，都会让你对轻信对方在谈判中的地位后悔不已。

上面的任何一种谎言，在工作与生活中都有，虽然表现形式不尽相同，但性质却非常相似。如果不处理好，不仅会把谈判带到错误的方向上，还会为后期的落地埋下隐患。

如何识别和化解谎言？

你有没有想过，为什么谎言会得逞？大多是因为你单纯或缺乏经验，轻易相信了说谎的那个人。而这种轻信背后的本质原因，是对手试图用谎言制造出信息不对称，使你受骗。

理解了上述底层逻辑，你就知道如果不想被骗，就要在交流现场想方设法解决信息不对称的问题。在这里，我们分享一条核心原则以及两个方法给你。

核心原则：把人与事分开，专注在目标与公平原则上

要想解决信息不对称，就得把交流聚焦在与目标利益相关的具体信息上，而不是贸然相信不好把握、容易翻车的所谓"诚意""情义"，也就是分清人与事、情与理，不要轻谈信任。

比如，当对方说："兄弟，你一定要相信我，我是诚心诚意想和你合作，这已经是成本价了。"

这种时候，信人与信事，在谈判或争取现场会有什么不一样的反应呢？

如果倾向于信人，你会因为对方看起来比较和善、像个好人，就信了他这句话；而不关注人、只关注事的谈判者，可能就会直接说："我很感谢你的诚意，不过，为了让咱们的合作落地，我还是希望你能介绍一下你的成本结构，以及你们行业中一般同行的成本结构。好吗？"

当发现对方在撒谎时，如果你过于关注人，可能会非常生气，

当场就沉不住气，质问对方"为什么骗我"，结果，要么谈判就此终止，要么在别人哄过之后又轻易信了对方，无论哪种都不利于谈判。而关注事的谈判者，在这个过程中，不纠结、不关注情绪，只关注一个目标，那就是指出对方的谎言，但马上控制住场面，把对话拉回正轨。

"把人与事分开，专注在谈判目标与公平原则上"，不仅是破解谈判中谎言的原则，也是应对诡计、仗势欺人等其他艰难场景的原则。

在把握这个原则的基础上，我们再分享两个具体的方法：一是"充分准备，识别谎言"；二是"基于公平原则，化解谎言"。

方法一：充分准备，让对方知道自己不好骗

与其在现场信任一个你不了解的人，不如提前做好准备，打破信息不对称。我们在本书第二部分重点介绍过围绕利益梳理谈判目标、分析对方需求的技巧。这些技巧，同样可以用来帮你预防谈判或争取现场的谎言。

举个例子，如果你的目标是降低整体成本，但你不了解成本这件事，现场就很容易被骗。那该怎么准备呢？关键的一点是抓住核心利益，根据谈判目标提前做好准备。比如，如果你的利益是"成本"，这是一个关于钱的问题，你就需要揪住这个点，想办法了解以下信息：

- 你们合作项目的成本结构；
- 类似你们项目的市场行情；
- 你们的合作中，哪些类别的成本可以降低，怎么降低；
- 你们行业中，有哪些经常会出现的坑。

你越全面地了解上面这些信息，就越能打破信息不对称，从而在现场避免上当受骗。

当然，如果你准备得非常充分，请不要只藏在心里，而是要在现场充分体现出你的周密准备，从而展现出你懂行、不好骗。说白了，你这样做，能让对方不敢轻易撒谎。

在这里，也有两个小技巧：

- 第一，尽可能体现你的信息渠道丰富多元，比如你可以告诉对方，你有这个行业里边的朋友，既有来自顶尖大公司的，也有来自普通小公司的。
- 第二，尽可能展现你的信息结构非常严密，比如关于成本，你既知道成本的结构构成，也知道每一项构成里面行业的通规，更知道如果有折扣，上下的空间都有多少，这样一来，对方就不敢糊弄你了。

怎么把上述理念与技巧表达出来呢？你可以这样说：

"我们这次会谈的主要目的是在保证你们能赚钱的前提下，进一步降低我们的采购成本。我们也有不少朋友从事你们的行业，据我们在会谈前的了解，咱们的项目成本主要在A、B、C三方面。我们希望你们能比较公平地对标与你们同水平的行业报价，给我们设计出一个更低的价格组合。"

上述表达，既清楚地表明了你的目的，也展现了你通过充分准备所了解的信息，更摆出了你要求对方降低价格的合理标准。一般情况下，在听完这样的表述之后，对方会比较主动地给你一个合理的价格。

但是如果你都这样说了，对方还是企图给你提供他们成本上的不实信息，那你该怎么办呢？这种情况下，你就可以使用第二个方法——基于公平原则，化解谎言。

方法二：基于公平原则，化解谎言

第三选择式的谈判或争取追求的是做一名温柔的强硬派。在面对谎言时，我们也同样追求做到不带情绪，有理有据，温和但强硬地把谎言揭穿，同时又不惹恼对方，把谈话拉回到正轨。这时，坚持基于公平原则来谈，就变得非常重要。

我们在第十章中介绍过"公平原则"，它既包括标准的公平，也包括程序的公平。当你识别出谎言之后，就可以配合第十二章中的"中性表达"的技巧，平衡事实与感受，大方直接地揭穿谎言，但不惹恼对方。

下面，我们将结合例句来拆解具体的表达。

我们先来看利用公平标准化解谎言。

想象一下，在上面谈成本的案例中，如果你发现已经展示了自己的信息来源，对方依旧故意欺骗你，这时候你该怎么说呢？

你可以这样说：

> "我非常理解你在努力为自己的公司争取更多的利益，对此我表示尊重。但是我希望在讨论价格的时候，大家能够遵循一定的行业标准，你也不需要给我提供一些不实的信息。为了高效推进会谈及合作，我希望你能够给我提供在 A、B、C 三方面优化后的报价。我希望你提供的报价，与行业里相似的公司相近。可以吗？"

在这段话中，你既表达了对对方撒谎的理解，也通过坚持公平的标准，再次展现了你对行业报价的了解，把对话拉回到讨论的正轨中。整段话听上去虽然非常强硬，但你并没有因为对方撒谎而在语言上表达出情绪波动，也没有把精力放在责备对方上。只有这样，你才能做到揭穿谎言，但又不惹恼对方。

再看利用公平程序，化解谎言。

如果你不幸碰到了一位故意掩盖自己真实意图的谈判对手，比如他就是想要通过所谓的会谈，不断套你的想法，骗取你的方案，而不愿意付给你钱。这时候你该怎么戳破这个谎言，又能把谈判拉回到正轨呢？

你可以这样说：

"我非常理解你想通过更多地了解我们，来确定我们的策划能力是否符合你们的需求，以避免潜在的损失。不过，我也希望你能尊重我们的行业，我们这一行是靠卖想法而生的，不可能在没有费用的前提下，把想法的细节告诉你。为了保护双方权益，我能否这样建议：如果你想了解我们更多的创意细节，我们不妨先正式签订试用合同，并约定两点：

"第一，你们先支付 3 万元的预付款，我们提供完整的方案，如果你们满意，付清全款；如果你们对方案不满意，并且在修改三次之后，依旧认为没办法帮助到你们，我们可以退还预付款。这样，可以更好地保护你们的利益。

"第二，如果我们发现，你们在没付清全款购买我们的方案的情况下，或是声称不满意，让我们退还预付款后，仍变相使用了我们创意中的思路或呈现形式，我们将诉诸法律，并要求全款 5 倍金额的赔偿，以保护我们的创意。你觉得行吗？"

这个例子，体现的其实就是程序的公平，也就是通过设计更公平的合作程序，来保护双方的权益，并且推进谈判。如果对方有诚意去做，是一家负责任的公司，就不会担心这里面的约束；

但是如果对方故意套你的方案，欺骗你，就会惹来官司，造成损失。过去的很多年，我们一直用这个方法，与比我们实力强很多的对手打交道，来保护自己的利益。

你有没有发现，上面这两个例子本质上体现的都是"把人与事分开，专注在谈判目标与公平原则上"的整体原则，而不是与对方是不是在撒谎这件事上来回扯皮。我们越了解人性，就越能理解撒谎背后有太复杂的立场与利益考量，既说不清楚，也解决不了，不如将精力聚焦在利益事实上。

如何应对恶意手段与诡计？

除了谎言，谈判现场的另外一种复杂情况是，对方会使用一些小手段、小诡计。一般来说，谈判中比较常见的诡计有以下几类：

- 威胁与施压
- 红白脸战术
- 故意拖延

这几类场景都不需要太多解释，你可能也有过一些类似的经历。本质上，它们与谎言相似，都是对方试图用不公平的手段，来取得谈判优势。所以，面对这些复杂的谈判场景，与应对谎言的总体策略相似，那就是要把人与事分开，坚持标准与原则，不惧压力，勇敢谈判。

应对诡计的三条主要策略

具体来说，应对诡计的策略有以下三条：

第一，专注于共同利益。抓住创造第三选择的谈判本质，专注在双方的共同利益上，不要惧怕诡计，也不用太去关注诡计。你要相信，对方之所以愿意坐下来跟你谈，就意味着你们有合作的可能，你身上有他需要的东西，你如果终止谈判，对他的利益也是损失。因此，你根本不用害怕对方的诡计。

第二，使用高难度沟通技巧。与应对谎言一样，当你识别对方使用了诡计，可以利用"中性表达""改造对话"等沟通技巧，把讨论从诡计引导到实现共同利益上。如果对方发现你屏蔽掉了他的诡计，而是专注在讨论公平的标准、公平的原则上，那他也只能跟你一块讨论如何促成合作，除非他放弃与你合作。

第三，积极创造第三选择。在现场积极地创造第三选择式合作方案，有助于你从本质上打破对方的诡计。原因很简单，当对方发现你提供的合作选项，比他原来狭隘的合作方式对他更有利时，他就没有欲望也没有必要给你耍诡计。

在三类场景中，练出应对诡计的能力

我们将在三类具体的场景中，结合前面章节中的方法，介绍应该如何应对诡计。

场景一：对方故意威胁你

威胁是谈判中经常被用到的一种诡计，它的特点是：在谈判过程中，对方会通过施压的方式告诉你，如果你不遵从他们的条件，那么将会对结果产生巨大的负面影响。

比如，你可能听到过类似的威胁："如果你们的价格不能降低30%的话，那么咱们就不用谈了，你们也别想拿走这个生意。"或者，你在找工作时可能会听到 HR（人力资源）说："我们给你的offer 只有一天有效时间。你需要尽快接受，否则超时就视为放弃这个工作机会。"

当对方用威胁的手段来推进谈判时，他期待的是你被压力压垮，从而同意对你不利的条件，快速结束谈判。但是，如果你跳出来仔细思考，就会发现：对方之所以用威胁的手段，是因为他认为威胁可以吓到你。如果你能顶住压力，不怕也不去理会这些威胁，继续往双方的共同利益方向前进，那威胁就会自动失效。

你也许会问：这真的现实吗？我们不妨用上面两个例子来说明。

在第一个关于价格的例子中，你可以这样回应：

> "我理解你想快速结束谈判、达成合作的心愿，在这一

点上，我与你一样。但是咱们既然是在谈合作，那就要努力协商如何更好地实现双方的共同利益，否则合作就不会发生，这对双方来说都是损失。回到刚才的议题上，按我对咱们这个行业的理解，降价 30% 并不合行业规则，我不知道你这个提议是基于哪些标准来进行考量的？我们可以一起讨论一下这些标准对咱们双方是不是合理。"

这样说，就是清楚地告诉对方：如果你这样威胁我，那我们就合作不了，对你来说也是个损失；因为如果你手上有更好的牌，你也不需要跟我坐下来进行谈判了。

我们再来看跟 HR 谈 offer 的例子，你可以这样来回应：

"我很感谢你们给我发了 offer，也理解你们想快速招到人。但是，这份工作对我来说也非常重要，我没办法在一天内就快速做出比较稳妥的决策。同时我也理解，咱们这个行业招人非常困难，所以能否请你们再延长一下有效时间？"

这里的核心意思是：如果不能延长 offer 时效，我可能会选择不接受；而行业招人难，我如果没有接受 offer，对你来说也是损失。

我们来简单总结一下这两个回应中的技巧：

· 这两段话都没有太关注诡计本身，而是专注在共同利益上，也就是双方合作的好处，或者如果谈判破裂给双方带来的损失。

· 在推进对话的过程中，都没有惧怕诡计带来的压力，而是基于公平的标准，比如行业规则、职业常识等，把谈判引向对共同利益的探讨。

· 在沟通技巧上，使用中性对话，既表达对对方使用诡计的理解，也很清楚地说明对方不合理的要求所存在的问题，并强调双方的利益。

当然，上面这样的应对方式，一方面是考验你在现场的胆略和情绪管理能力，另一方面也需要你能务实地做好替代方案。只是嘴上强硬，也许有一定的概率唬住对方，但如果被对方发现其实你并没有更好的选择，那就只会置自己于更不利的境地。

> 只有勇气与筹码都充足，我们才能强硬地回应对方的威胁。

场景二：对方使用红白脸战术

所谓的红白脸战术，是指对方谈判成员中有人扮演坏人，比如对你提出了极为苛刻的条件；有人扮演好人，比如在现场帮你打圆场，替你提醒"坏人"同事，说条件太苛刻了。他们通过现场的配合与互动，形成强烈的对比，干扰你的判断，从而让你接受对你不利的谈判条件。

这种小诡计，在工作与生活中都很常见。你可能也经历过这样的情景：

你作为供应商与甲方讨论合同报价，对方的 A 经理一直冷酷、强势地在砍价，要求你们给出 140 万元的报价，而这已经低于你原来 155 万元的最低心理价位。这时，平时与你关系还不错的 B 经理出来打圆场，他对你说道：

"谢谢你配合我们的流程，帮我们压缩成本。你也知道，今年行业不景气，公司预算少了好多，采购部门压力也很大，所以 A 经理也是在尽职尽责地优化报价。我知道你们也不容易，让你们做到 140 万元确实很难。你看这样行不行，你们去年做得不错，我跟采购总监一起给总经理写封特批邮件，帮你们争取到 145 万元如何？"

这种情况下，你会答应吗？在谈判现场，大部分人经历红白脸战术时，都会非常讨厌唱白脸的坏人，尽管唱红脸的好人提出的条件也不理想，但因为对比强烈，很多人都会接受。就像上面的案例中，如果你最终接受 145 万元的报价，本质上你还是亏了，对方也达成了他们期待的结果。

那应该如何来应对这种小诡计呢？方法与应对威胁一样，那就是在识别出诡计之后，依旧坚持原则，推进谈判。比如，你可以这样回应：

> "谢谢 B 经理一直在帮忙协调，我们也非常理解 A 经理
> 是在努力为贵司节约成本、促成合作。那既然是双方合作，
> 我相信我们有必要遵循行业的基本惯例，也要保证双方都有
> 钱可赚。所以我想了解一下，B 经理提出 145 万元的价格，
> 背后有哪些考量？是参考了哪些标准？我们可以一起探讨。
> 如果的确合理，我们很愿意达成共识，一起推进。"

你看上面这个回应，跟应对威胁的套路是不是很相似？都是
巧妙地避开了小诡计，也就是所谓的"好人"提出的条件。

当然，在你说出上面这段话之后，如果效果不太好，红脸
和白脸联合起来，一起要求你降价，你就可以尝试另外一个策
略，那就是引导他们进入对第三选择的探讨。比如，你可以说：

> "既然你们两位都非常坚持，我想我能理解二位背后也有
> 压力。我相信咱们的合作肯定对双方都有好处，但我也有责
> 任为我们公司争取更多利益。你们看能不能这样：我们可以
> 再适当降低一些价格，但是因为我们与贵司是在 ×× 领域中
> 的第一次合作，我想在合作完成之后，能不能由贵司与我们
> 一起投入 2 万 ~3 万元，拍一个高质量的视频案例，并且在行
> 业中宣传推广？这可以帮助提升我们在这个领域中的知名度，

对贵司的品牌以及咱们部门的业绩展现都有帮助。你们觉得可以吗？"

你看，上面这句话，已经把双方从纠结145万元的价格，引入第三选择的创造中了，并且执行的标准就是合作一定要对双方有利。你把价格压到145万元，我们就没法做生意了，但如果通过案例帮我们扩大知名度，作为降价的补偿，这个合作对双方还是都有利的。

场景三：对方故意拖延

所谓故意拖延，就是对方利用各种借口拖着你，但又不跟你进行实质性的谈判，等到你着急的时候，再让你被迫接受一个不合理的条件。我们不妨来看一个例子：

> 年底的时候，很多甲方公司都在找新一年的合作伙伴。他们也都知道乙方需要在年底去找新一年的客户，以保证第二年有粮食吃。很多甲方谈判者就会利用这样一个时期来故意拖延，等到快到年关的时候，乙方公司憋不住了，就被迫签订一个对自身不太有利的合同。

这种情况下，如果你是乙方，该怎么办呢？在使用所有策略之前，你首先要思考一个问题，那就是：对方为什么想拖？是真的不着急，还是有别的原因？

其实，在现实商业环境中，有很多甲方会通过竞标来选供应商，而很多时候，被选中的唯一条件是你在参与竞标的供应商中报出了最低价。所以在没有正式合作之前，对方拖延只不过是为了让更多的供应商参与进来，让供应商们"互相残杀"，从而得到更低的报价。

虽然这种方法可以迫使一些供应商因为想拿生意，在等待的过程中主动降价，但以我们的经验来看，作为乙方也不是完全被动的，因为对方也不能完全确定拖延一定给他们带来好处。

这就是一种典型的博弈（讽刺的是，很多人在爱情关系中，也会用这样的策略）。如果你真碰上了，可以试试这样来回应对方：

> "我理解你们需要更多时间来考虑，也希望合作能对你们有更大的好处，对此我表示尊重。但是现在接近年关，我相信你们的领导层也想尽快确定明年的合作伙伴，因为如果年底之前不确认，开年的工作就没法开展；而对我们来说，如果有幸能和贵司合作，对我们明年的业务也有很大的帮助。如果双方认同这一点，我希望在本周内能完成交流，确定合作。否则，咱们就只能未来再看看有没有合作机会，这次我们就先和你们交流到这儿，你们也可以去找其他的合作方。"

这个回应有些长，我们简单给你总结一下其中的技巧：

- 首先，上面这个回应中最核心的还是要抓住双方的共同利益，并把它表达出来，那就是必须在年前确定合作。
- 其次，在真正推进对话的过程中，需要用"中性表达"的技巧，也就是说明白你的处境以及我的处境，同时非常坚定地将谈判引向共同利益的讨论。
- 最后，在应对这种小诡计时，要尽量保全对方的面子。无论是开头表示对对方的理解与尊重，还是在结尾时告诉对方即便你们会退出谈判，但未来仍有合作的可能，都是为了达到这个目的。

当然谈判中的小诡计多种多样，除了威胁、红白脸战术、故意拖延等，还有进行人身攻击、故意在谈判地点或时间上为难你们，甚至故意拒绝谈判等。无论是哪种诡计，本质都是想避开公平原则，通过给你施压来赢得谈判。

应对这些小诡计最好的策略，就是忽略它们，专注在谈判的目标，也就是创造双方的共同利益上，勇敢坚定地推进——前提当然也是要尽可能地务实地准备好自己的替代方案，积累谈判筹码。

做好跟进工作，确保成果落地

最后，需要提醒你的是：哪怕谈判聊得再好，你也要在谈判现场有意识地把协议落地成能跟进的行动，从而让成果真正实现。具体来说，你要做到以下几项工作：

- 快速梳理、总结达成的约定或者协议，并转化为可落地的具体行动
- 设定好后期的追踪计划
- 设定好重启谈判的条件

行动一：聊清楚落地行动

我们不妨来看两个常见的收尾：

- 如果大家谈得不错，双方可能会说："非常感谢你们的时间，我们交流得不错，相信大家回去之后肯定会好好梳理一下，把咱们今天谈的价格优惠及人员配置落实下去。同时，后期如果再出现什么问题，我们可以随时再交流！"
- 如果双方谈得很糟糕，不得不收尾时，可能会这么说："我想我们有必要回去各自再商量一下如何促进合作，等内容达成一致后，我们再看是不是需要重启谈判。"

虽然话都很客气，看上去也很有诚意，但里面并没有真正的行动信息，也就是：

- 今天达成了什么共识？有哪些是可以写进合同或会议纪要中的？
- 双方想要共同实现的目标是什么？拆解出来的小目标是什么？
- 为了实现目标，双方各自需要去做哪些事？
- 做这些事时，双方分别是由谁去做？在什么时候做完？

这里需要注意的是，这些清晰的结论，不是凭空得来的，它需要你在谈判过程中掌握一定的技巧。为了帮助你达成这样的结论，我们分享三个技巧，以及配套的话术。

技巧一：不断重复目标

在谈判过程中，你需要不断重复谈判目标。比如，你可以这样说："咱们今天会谈的主要目的，就是找到降低 20% 成本的方法。咱们可以从贵司的角度去考虑，也可以从我们这边调整需求的角度考虑。所以，我想提醒各位，咱们现在讨论的这个话题，是否可以帮我们达成正确的目标？"通过不断地回顾谈判目标，整个谈判过程的效率可以大大提高，确保大家讨论的话题都是往共同的目标在努力。

技巧二：及时进行阶段性总结

在谈判过程中，出现任何达成一致的节点，都需要及时总结，把细节落实。比如，你可以这样来说："我们很高兴看到有一些进展，我简单总结一下：为了尝试从优化效率的角度来降低成本，你们需要请一位资深的项目管理人员，入驻到这个项目中，帮助大家从头到尾梳理工作流程。可以的话，我们希望在下周能完成这项工作。大家觉得是否可以？"

技巧三：提前进入总结阶段

在接近约定的谈判结束时间时，一定要提前进入谈判的总结阶段。比如，你可以说："咱们今天会谈约定的时间快到了，我能否提议用 15 分钟总结一下今天的成果，以及双方下一步具体要做什么？"

行动二：安排好中期检查

你可能会问，即便约定得很清楚，但怎么确保双方都按照约定去履行呢？我们该怎么追踪、监督各自的行动？万一没按约定来推进，该怎么办？

要破解这个难题，关键是做到对任务实施过程的检查和监督。在谈判现场，虽然任务还没有开始执行，但我们也要在谈判桌上就安排好中期检查点。

什么叫中期检查呢？首先，看字面意思你就明白，"中期"指的既不是在合作一开始的时候，就特别不放心地去追进度，也不是到最后要交付的时候才去看做成什么样，而是在项目从开始到结束的整个过程中，选定几个中间的关键时间点来进行检查。其次，请注意，中期检查查的是进度，而不是无法量化的态度。

比如，如果双方约定要增加人手，你可以在现场这样说："谢谢你们同意增加人手。为了确保能按约定推进，我们能否在接下来一个月中，安排三次进度确认？我们会委派王总来确认你们在人手增加上取得的进展。你们可以直接增加人手，或者不另加人，但让现有项目成员增加服务时间，并对工作量进行记录。"

有了这样的沟通，你就可以在接下来的跟进中，安排时间进行检查。如果推进顺利，那就代表你在谈判过程中争取到的利益，大概率能落地；如果发现对方并没有按约定的去推进，就可以执行第三步行动。

行动三：约好重启谈判的条件

推进合作的过程中，沟通清楚中期检查点，并不代表你就能确保协议最终落地。也有很多谈判会以各自没按约定推进，然后互相指责、撕破脸而告终，导致前面双方花在谈判上的时间、精力甚至金钱投入都成了泡影。

面对这种潜在风险，有经验的项目管理者，既不会盲目乐观，也不会放任不管，等到无法收拾时才被动行动。他一定会在谈判现场，就对落地失败的潜在风险做好规划及沟通。这就是第三步，约定好重启谈判。

这一步的关键，在于双方商量并约定重启谈判的时间与条件。

· 时间上，重启谈判一般会发生在项目后期，但不会发生在项目完全结束后。因为如果项目期都过了，而之前的约定还完全没落地，是很难再弥补的。

· 条件上，双方可以站在各自的角度，预测可能导致约定落不了地的情形。比如，项目开始两周了，对方的团队还没到位；或者，虽然对方同意要降低报价，但项目实施过程中整体成本并没有下降等。

具体的表达是怎样的呢？还是举刚才这个例子，你可以这样来说：

> "我相信你们一定会诚心诚意地按刚才的约定，增加人手，同时配合我们一起通过中期检查来确保落地。但是，任何合作在执行过程中，都会碰到很多不可预测的实际困难。如果推进不了时，咱们就需要重启会谈流程。所以，我们能否一起商量几条标准，知道在什么时候、什么情况下、由谁可以发起会谈？"

你可能会担心，在合作还没开始的时候就提重新谈判这样的话题，是不是不吉利啊？其实，你越是对最终落地做好规划，就越能掌握整个谈判。当然，你在现场说这些话时，也要注意语气。在刚才这段话中，你既表达了对对方的信任，也清楚地说明了你约定重启谈判的用意，只要是理性的成年人，一般都会尊重你这样的专业行为的。

要点小结

◆ 人性是复杂的，在现实的谈判或争取中，我们不可避免地会碰到对方故意撒谎，或使用威胁、红白脸战术、故意拖延等方式，让我们答应对他们更有利的条件。

◆ 应对谎言与诡计，核心原则都是做好自己的替代方案，并在交流现场把人与事分开，专注在谈判目标与公平原则上。

◆ 应对谎言的关键是解决信息不对称，把交流聚焦在与目标利益相关的具体信息上；应对诡计时，要从双方的利益出发，讲清实务推进谈判对双方的好处，同时，用第三选择来引导对方放弃诡计，而是专注在利益的创造上。

◆ 最后，在谈判现场要有意识地把协议落地成能跟进的行动，从而让成果真正实现。你可以通过聊清楚落地行动、安排好中期检查、约好重启谈判的条件三个具体的行动来促成。

第五部分

练技能 | 实战案例参考

×

案例可以启发你理解方法怎么用、会碰到哪些难点，又
该如何克服。我们在这一部分选择了三个案例，分别是
个人为自己争取、个人代表公司争取，以及个人在家庭
关系中争取。我们会为你还原"想清楚"阶段的思考，
以及现场的关键对话场景，并说明案例中的主人公是怎
么综合、灵活地使用本书中的方法，以便你开启自己对
本书技能的刻意练习。

第十四章

两年错失升职，如何向老板重新争取

张经理入职T公司三年多了，工作业绩优秀，但连续两个升职季都没被提名晋升，工资与待遇增长也没跟上其他同事。他心里非常不舒服，想与他的领导，也就是市场部总监王总好好谈一下。

按照T公司的规定，一般升职都需要直接主管先根据绩效来提名。张经理专业能力很强，但性格有些内向，平时与王总除了工作，并没有太多的私交。他一直想着，只要自己工作做得好，就自然可以被升职，但前两年的升职季里，王总都没提名他。为了争取自己能公平地升职，这次张经理提前了两个月开始准备，并特意约了王总，要清清楚楚地谈一下这件事。

但是，和很多人升职加薪时碰到的情况一样，张经理也碰到如下三个难题：

- 地位与权力有差距：王总是领导，张经理是员工。
- 信息不对称：张经理并不知道别人具体的工资与待遇是怎样的。
- 公司有规定：如果王总不提名，张经理是不可能有升职加薪的机会的。

他该如何准备这次谈判呢？现场又该怎么去谈，才能避免双方吵起来，且能实现自己的目标呢？好在张经理学习过第三选择式谈判。接下来，我们就从准备和现场两方面复盘一下，张经理是如何使用第三选择式谈判，实现升职加薪，并为自己争取更好的职业发展机会的。

争取升职加薪前的四项必备工作

我们在第二部分分享了在谈判准备阶段需要完成的工作，以及相应的技能。使用这些技能，张经理在谈判准备阶段做了以下事情。

弄清自己的需求与目标

对张经理来说，梳理清楚这次的谈判目标至关重要。因为他已经积累了很多的负面情绪，很容易在这次谈判中只顾宣泄情绪，忘记自己的核心利益。因此，张经理设定的目标是：通过谈判，让王总认可自己值得升职加薪，并落实为行动，尽快给自己升职加薪，或者提供其他有助于自己职业发展的条件及福利。

理解对方的利益需求

这一步，对张经理来说有些难，因为王总不是一个随意透露自己需求的领导，而张经理平时和王总交流也不多。他唯一确定的是，王总一定希望团队能够帮助自己达成业务及组织发展目标，尤其是接下来有一个新项目正缺人手。因此，张经理打算在现场通过交流来了解王总更多的需求，而不是自己瞎猜他的心思。

找到双方潜在分歧，提前寻找合作可能

表面上，双方现在最大的分歧是升职加薪的时间问题，但本质上，是双方对于升职加薪的标准与程序有分歧。目前来看，张经理并不能单方面修改标准，但他希望自己能有机会与王总交流，和他在升职加薪的标准与程序上达成共识。

准备好最佳替代方案

前两次升职谈话，张经理都失败了，因为尽管他非常不满意，但没有备选方案。为了这次谈判自己有退路，他也提前面试了几家其他公司，手上目前也有两个机会作为备选。但T公司近几年发展很快，因此现阶段张经理并没有下定决心要离职，而是希望自己能够在T公司继续发展下去。

被打击时，用好公平原则谈下去

下面咱们就正式进入谈判现场。我们会还原谈判现场两人的交流，同时，也会解释张经理使用的第三选择式谈判技能。

张经理前两次与王总交流时，并没有清楚地告诉对方自己到底需要什么，因为他不太好意思直接提出升职需求。而且他认为升职加薪这种事情，领导应该很有经验，知道自己的需求，但结果并不是如此。

在学习了更有效争取的方法之后，他相信自己既能说清楚自己要什么，同时也不会冒犯领导。他跟王总交谈的开场白是这样说的：

> "王总，今天首先谢谢您百忙之中安排出时间与我交流。您也知道，马上又到升职评估了，对于过去连续两次升职季没被提名，我心里还是挺失望的。我一直踏踏实实干活，自认成绩也不错，所以对此比较困惑和焦虑。当然，我知道您在做出不提名我的决定时，肯定有很多我并不了解的原因，我这次之所以提前了两个月约您交流这件事，就是想了解一下背后究竟发生了什么，同时，也想向您请教，我需要怎样做，才能真正达到被提名升职的要求。这样，我才能更好地努力干活。"

在上面的开场白中，相信你已经发现张经理用了中性表达和说清楚自己需求这两个技巧，他既说了自己对事实的理解（即自己前两次没被提名），也有他对自己情绪的客观描述（失望、困惑、焦虑），更引出了他此次谈判的话题之一，即升职的标准，这对他来说是一个很大的进步。

不过尽管他的表达已经非常中性，但王总听起来还是有一些挑战自己权威的感觉，因此，最开始氛围并没有张经理想象得那样好。王总说："你这来势汹汹的样子，是要和我理论理论？我怎么做人事上的决定，没有义务跟你汇报吧？"

张经理听王总这样回应他的开场，心中顿时升起一团火，觉得王总就是故意让自己难堪。不过，张经理想起自我情绪管理的方法，知道这时一定要弄明白主观感受与客观事实之间的关系。他发现，自己并不理解王总说这话的意思。既然不清楚，那就开口问。所以，他对王总说："王总，不好意思，我听不懂您这话是在和我开玩笑，还是真的是这个意思？"

王总听张经理这样问，也意识到自己可能语气有点儿过，但他又不想在张经理面前放下领导的架子，所以继续说道："我听起来像是跟你开玩笑吗？我说什么，什么就是我的意思。"

张经理一下子被王总噎得不知道怎么回应，他继续使用"管理自己情绪"中的方法，开始识别自己这时候的情绪。他发现，自己开始有些怕了，因为王总很强势。他的大脑快速地转动，接着分析情绪后的主观判断：我真的需要怕王总吗？一方面，我很能干，公司需要我，即便哪天我不在 T 公司了，也可以选择去另一家；另一方面，如果王总真的这么不专业，不好相处，我也没必要一直与他为伍，可以选择离开。所以，结论就是无论怎样，我都不需要怕王总，完全可以大大方方地与他交流。

但是，根据管理对方情绪的方法，张经理发现王总有这样的反应，显然是被自己的话刺激到了，感觉到对话不太安全，所以眼前最重要的是确保对话能有安全的氛围。

所以，张经理回应道：

> "王总，如果我刚才说的话让您生气或不舒服了，我先道歉。但是，我的目的不是要来质问您，而是想与您交流一下我前两次没有被提名升职，这背后到底有哪些是我不知道或忽视的因素，以及您是怎样想的。"

王总听张经理道歉了，而且说得很有理，也放下了自己的架势，回应道：

> "我每次和你做升职评估时，都跟你说只要你能力达到了标准，公司是可以提名你升职的。"

张经理听到这儿之后，发现他与王总又谈到了他们曾经争执过的话题。显然，他们对于"能力""升职"的标准的理解是不同的。张经理本想继续与王总理论一番，但想到自己学了积极倾听的技巧，便说了下面这段话：

> "王总，其实这个话题我们曾经提过几次，但并没有深入交流过。以前，我太着急要证明自己是值得被升职的，总和您争论，这是我不对。所以我今天想好好请教一下，您认为在咱们部门中，要得到升职提名，到底需要哪些能力，行吗？"

话说到这儿，张经理其实已经在通过提问来使用积极聆听法了，同时也慢慢把对话引入对升职标准的探讨中，这一步做得非常棒。果然，王总回应说道：

> "你的业务能力很强，这一点，我一直很肯定。但是，从经理到高级经理，其中很重要的一项能力就是团队协作。也就是说，你自己再强，如果不能和团队很好地合作的话，那还是不能胜任的。"

张经理听到了王总的回答，内心并不认同。因为他觉得自己平时与同事相处得不错，也没有因为团队合作不好而影响过工作。虽然本能地想为自己辩驳，但他还是克制住了与王总争论的冲动，继续聆听，并改问了下面这个问题：

"王总，谢谢您提醒我在团队合作方面的不足。过去，我一直觉得自己在团队合作上还行，但您几次都提醒我这一点，我相信肯定是我有哪些方面虽然自我感觉良好，而在您眼中是做得不到位的。您能告诉我在团队合作上，什么样才算好，我在哪些方面做得还不到位吗？另外，除了业务能力、团队合作这两个您已经提到的点之外，还有其他的标准来衡量我是否能升职加薪吗？"

当张经理问出这个问题后，对话才算走上了解决问题的正轨。这时，王总也开始正面回答张经理的问题：

"小张啊，升职加薪要考虑方方面面，在咱们这行，特别是咱们公司，业务能力和团队合作是最重要的。你要理解，团队合作不仅是你与团队里其他同事的合作，也包括你与我的合作。而对你升职后的角色来说，可能与我的合作将变得更加重要。你觉得自己在这方面做得怎么样？"

张经理心里一惊，这才发现问题所在。他猜这是因为平时与王总私下交流较少，才导致王总认为他不会合作。但他也拿不准，便继续问道：

"王总，我想理解一下：您是指我平时与您工作以外沟通较少，所以您觉得我与您合作不顺畅吗?"

王总回答:

"当然不是!我要是真因为私下沟通少，就觉得你缺乏团队合作精神，那未免也太小气了。我说的是，你如果要往上升，很多时候，你需要跟我一起商量对策、共同行动。我观察到，你做事虽然很踏实，但喜欢单打独斗，很少来'麻烦'我。分内事，你会做得很好，我也很省心;但是一些职责不是很明晰的事情，我想找你做，你都比较抗拒。还有一次，我给了你建议，但你还是坚持用自己的思路去做了，虽然结果没有什么坏处，但在部门内，却造成了很大的内耗。我今天倒也想问问你，你是不是觉得自己能力强，就可以什么事儿都单独干?还有，你也不是小孩子，现在的大环境那么不好，你真觉得标准里规定可以升职，就能升职吗?你是不是也要看看团队里的实际情况?"

张经理听完愣住了，王总说的的确是事实。很明显，能从王总那里听到真实的反馈，对张经理来说是好事;同时，他也感受到王总在面对自己这个虽然内向但并不好相处的下属时，也有情绪。因此，他决定先补充对话的安全氛围，然后，再通过改造对话的技巧，让王总也能意识到他对帮助自己提升的责任与意义。

他是这么回应的：

"谢谢王总把心里话告诉我，这是我第一次了解到在您眼中我是怎样做事的。同时，我也为我之前的行为给您带来的困扰先说声对不起。我现在知道，独立做好工作，可能在您眼中是不够的。我并不想为过去的行为与您争论，但我的确想在未来做得更好，与您一起把咱们部门的工作落实下去。而在这个过程中，一定会涉及我与您的合作。既然是合作，就是双向的，您觉得我该怎么提升，才能更好地配合您的工作？同时，我也想了解在这个过程中，您可以怎样帮我，才能让我更好、更及时地了解自己，从而支持您工作？"

这个策略起效了，王总回答说：

"你这个态度，我很欣赏。对你来说，最重要的是平时多与我沟通，沟通多了，咱们双方自然就能更信任对方，也更顺畅地工作。同时，我以后也会更直接地把我的想法反馈给你，避免像今天这样，工作那么久，你才知道问题到底在哪。"

对话进行到这里，对张经理来说其实已经很有成效了。通过使用第三选择式谈判的一些技巧，张经理了解了王总对自己的看法，以及心中对员工升职加薪的真实标准，并且一定程度上消除了王总对自己的情绪。

但到目前为止，张经理还没有达到自己的谈判目的，那就是让王总认可自己，尽快获得升职加薪，所以他需要更耐心地继续沟通下去。

多些自信，主动创造选项

通过前面的对话，张经理了解了王总内心关于员工升职的标准，那就是不仅要有出色的业务能力，还需要很强的团队协作能力。而在王总看来，张经理虽然业务能力很强，但是在团队协作能力上还有欠缺，尤其是工作上和自己的沟通不够。

对张经理来说，了解了王总心中的升职标准以及对自己的真实看法，其实已经很有成效了，但他这次的目的是要争取升职，可是他从来没有主动开口要过升职加薪，所以这时候心里依旧很犹豫。不过，当他想到自己已经学了系统的谈判技能，清楚地知道谈判目的，手上也有最佳替代方案，就有了开口的勇气：

> "王总，真的非常感谢您能告诉我这些，也解开了我的心结。我接下来会更加主动地与您交流。同时，我也想请教您一下，您觉得我是否可以用接下来两个月的时间，证明我在团队协作，尤其是跟您这边的交流上有实质性的提高呢？"

张经理说这句话，其实是在开始讨论公平原则中的公平程序了，如果两个月内他能够提升能力，那么从程序上来说他就能够被升职。

王总：

"我自己也是过来人，在这一点上我对你非常有信心。"

张经理：

"谢谢王总鼓励！我还想请教一下，刚才您提到您最看重业绩以及团队协作，那在您的考评体系中，业绩是跟团队协作一样重要，还是更加重要？我这样问，是因为按我自己的经历以及理解，我觉得业绩可能要占到七成左右；而我自己这两年来的业绩您也看到了，一直在部门里保持领先，都超额 30% 完成。"

张经理说得有理有据，态度也很好。王总没想到张经理会那么基于原则和数据来证明自己。他已经意识到张经理今天是有备而来的，估计已经计算过自己与其他同事的业绩对比。因此，王总也就正面回应了张经理的话：

"你说得对，我也很欣赏你的结果导向思维。"

张经理：

　　"谢谢王总肯定，那我是否可以理解为，我的业绩一直优秀，可以为我接下来的升职加薪奠定一个不错的基础。接下来我要继续提高的是与团队及您的协作。如果达到预期的话，我就可以在即将到来的评估里，得到升职加薪？"

　　说完这些话，张经理的心怦怦直跳，因为这是他第一次大大方方地说清自己的需求，同时，他还在努力把双方交流的内容实时总结，变成可落地的行动。他非常好奇在这种情况下，王总会怎样回应。

　　王总没想到张经理能思路这么清楚地推进。但是，升职加薪也不是王总一个人说了算的，还要综合公司整体业绩、财务预算等各方面因素。因此，他是这样回应的：

　　"小张，我理解你过去没被提名有些委屈，我也认可你以往的业绩，相信你在接下来的两个月，也能提高团队协作的能力。但你也知道，每一位同事的升职加薪，背后有很多因素。特别是在当下这样的环境里，接下来的业务怎样，谁也不知道。这一点，我希望你能理解。"

　　尽管听了这话，张经理很不开心，觉得这只是王总的说辞。

但现在，他完全有能力基于王总的回应，再细挖背后的意思；同时，他有备选方案，也可以随时与王总交流。因此，他这样回应王总：

> "王总，谢谢您的认可。我也很理解升职加薪背后有很多因素。不过，就像咱们之前交流的那样，我相信您能基于最重要的业绩及团队协作能力来客观评估团队中的每一位同事。对我来说，我希望自己能在这里好好工作，继续跟着您长期发展。您是过来人，应该比我更能理解，在这个过程中，来自职位、薪水、平台等方面的激励，对一位员工长期发展的重要性。当然，和您一起合作两年多了，我也不是随便张口瞎要东西的员工。我非常愿意用自己的优势及特长，帮您解决问题，或者帮咱部门取得更好的成绩。所以，我非常乐意与您讨论是否有我可以贡献更多的地方？我相信，如果我能贡献更多，我的升职加薪才更稳妥。"

听出来了吧？张经理从这里开始，已经将对话引导到共同利益的讨论上来了。他用的是提问法，等王总来说自己的需求。

王总答道：

> "小张，我很高兴你能够主动帮咱们部门着想。实话跟你说，你刚才说的话，击中了另一个升职加薪的重点。坦白来

说，为什么有很多员工从标准的角度来看，已经达到了升职的条件，但都没升呢？因为公司会从整个公司、整个部门的财务控制角度，来计算有多少升职机会。就拿咱们部门来说，过去一年业绩一般。公司在看不到更多增长空间的前提下，是很难让人升职的。换句话也就是说，单独给你升职，在现在这个时间点，是有困难的。"

张经理是第一次明明白白地听到这样的说法，虽然有些不开心，但也觉得有道理。这一刻，对张经理来说至关重要。因为如果他一直纠结着自己的升职，在当前情况下肯定行不通。他必须立足双方的共同利益，并引导对话往第三选择式的方向前进。他回应道：

"王总，谢谢您告诉我这些我不知道的信息，看来我之前只跟您提想要升职，对您来说的确有些难啊。那我想请教王总，在这种情况下，有什么办法既能帮到部门，又能让我升职加薪呢？"

王总：

"看来你决心真很大啊！你有什么想法，不妨先说出来。"

张经理：

"我在想，公司考虑的，无非就是盈亏平衡。既然现在部门业绩有些吃力，那提升业绩就是最重要的事。咱们并不缺大客户，只是有些团队的产出效率比较低。所以，我个人觉得，想办法提升那些团队的效率，帮他们更系统、更高效地做事，可能是一个方向。如果您也有这样的判断，我很愿意在这方面做些贡献。"

王总：

"我同意，那我就不兜圈子了，你愿意帮我带起 C 团队，同时不影响自己的业务吗？"

张经理：

"感谢王总信任，这是我升职加薪的前提吗？开玩笑哈，我非常愿意，这对我来说也是一个机会。"

王总：

"谢谢你！如果有成效，我会跟管理层去争取你的升职加薪的。"

对话到这儿，算是可以告一段落了。但是，张经理觉得有必要更清楚地告诉王总自己的决心及备选方案。因此，他补充说道：

"谢谢王总的认可与支持，但我希望能跟您表达清楚一件事，那就是我希望咱们刚才的讨论以及解决方案，能够落地。我跟您干了快三年了，虽然对咱们公司很有感情，但我也很坦白地告诉您，如果这次依旧不行，那我就不会继续考虑在咱们公司长期做下去，我需要去实现自己的规划。当然，我相信您的判断力，也相信您帮团队争取更好发展机会的用心与能力。"

这段话，对张经理来说其实是非常难的，难的并不是这些话本身，而是在现场能顶住巨大的压力，基于公平原则来推进谈判。好在张经理做到了，同时，他也重点启用了激发对方正向情绪的技巧，认可王总的能力。

这时，王总也非常清楚张经理对这次交流做的准备工作了。他知道自己没办法糊弄张经理，如果张经理因不满意而辞职，那部门里一半以上的业务就没人管了，刚才的解决方案也就打了水漂。只不过，自己毕竟是领导，不可能在当下马上答应张经理的需求。于是，他回应说：

"小张，我非常认可你对咱们部门的重要性。你的需求我听到了，我会好好考虑的。"

到这一步，对张经理来说已经算是取得不错的成绩了。但是，张经理知道自己一定要把沟通的结果变成具体的行动，从而实现落地。因此，他继续回应道：

"多谢王总！有您这句话我就放心了。同时，考虑到离正式的升职评估只剩两个月，我也想了解一下您大概什么时候会给我一个答复？我没有不信任您的意思，但我不希望最后又只是被通知。我相信您也能理解。"

王总：

"我会尽快的，争取两周后给你答复。"

张经理：

"好的，王总。非常感谢您今天的时间，那咱们两周后再交流这件事。"

两周后，大家猜王总给了张经理怎样的答复？张经理被告知王总已经正式提名他为高级经理；同时，王总也让 C 团队正式汇报给张经理，并让 HR 的负责人给张经理出具了正式邮件，通知他正式的头衔将在 1 个半月之后生效。

　　到此为止，我们就完整地拆解了这个个人综合运用第三选择式谈判技巧，达成升职加薪目标的案例，希望它能够帮助你进一步理解前面四部分中的技能，并启发你去灵活运用。

第十五章

让谈不拢的合作成功发生

相对于个人谈判，组织之间的谈判往往会更加复杂。本章中，我们将为你拆解一个公司间谈判的典型案例，其中还会涉及一些谎言、诡计之类的复杂情形。

陈佳是某知名母婴平台 B 的项目经理，负责开拓平台的知识付费板块，主要工作就是找到行业中的专家为平台提供内容，其中一项重要事务是与专家们进行商务合作谈判。虽然本质上陈佳是买方，专家们是卖方，但陈佳从来没享受过作为"金主"的好处。这是为什么呢？

原来，有几个原因让陈佳在与专家们谈判时经常受到束缚：

· 第一个原因是陈佳合作的卖方不是普通供货商，而是母婴领域里的专家、学者，他们大多都非常清高，而且对自己的专业很自信，而陈佳和她所在的 B 平台，在专业上都需要仰仗他们。

· 第二个原因是他们合作的是知识内容，看不见、摸不着，专家们对交付都很谨慎。比如，可能会提出要求先预付，才愿意开始去写作或制作内容，而陈佳所在的平台并不支持这种模式。

· 第三个原因则发生在平台内部，表面上它呈现出来只是一门在线课，但背后涉及大量跨部门的合作，很多专家提出的需求，其他部门并不能支持上。

上面种种原因，经常让陈佳好不容易找到一位专家老师，但是因为谈判不顺利，最后非但没实现合作，还在圈里留下了不太好的名声。因此，陈佳开始学习第三选择式谈判，希望能通过提升谈判实力来促成合作。

最近，陈佳又找到了一位黄老师，她是亲子关系领域很有成长潜力的专家。在初步接洽之后，双方正式启动了商务合作条款的讨论。

黄老师讲话很客气，但交流了几句，陈佳就觉得黄老师并不好说话。果然，黄老师提出了三个条件，要求陈佳先去内部讨论，有了清晰的结论之后再与她谈：

· 第一，合作的前提，是必须要有预付；
· 第二，课程内容，必须完全由黄老师决定；

· 第三，创作时间，必须要给足 3 个月。

这三个条件对陈佳来说都非常困难，几乎是不可能实现的。陈佳希望自己利用学习到的第三选择式谈判技巧，一一解决碰到的难题。

自己实力不够，谈判如何准备？

因为黄老师给的限定条件非常清楚，因此陈佳在谈判准备阶段中，重点聚焦在如何放开限制、实现合作上。

确定需求与目标

尽管对陈佳来说，黄老师的这三个条件都非常苛刻，有些甚至看上去没有合作的诚意，但她知道自己的谈判目标，不是要与黄老师去争对错，而是首先能够跟黄老师有效对话，从而有机会找到共同利益，让黄老师放开这三个条件的限制，促成合作。

理解对方的利益需求

陈佳知道黄老师虽然在专业圈内小有名气，但还算不上"大咖"级人物，也需要 B 平台给她带来影响力，但她判断不了为什么在 B 平台这么好的机会面前，别的年轻老师会痛快地答应合作，而黄老师却提出了那么苛刻的条件。她猜这与黄老师关注的利益有关系，因此她需要在谈判现场多去交流，了解这方面的信息。

此外，陈佳知道，像黄老师这样的专家，尽管还没有特别出名，但是很看重自己的专业，人也有些清高，因此在谈判中需要格外注意尊重黄老师的专业性。

找到双方的潜在分歧，提前寻找合作可能

表面上，黄老师提出的三个条件，陈佳一个也答应不了。但陈佳知道，之所以出现这样的分歧，主要是黄老师不够信任自己及平台。找出黄老师不信任的源头，可能是解决这些分歧的一个重要切入口。

准备好最佳替代方案

陈佳同时也找了这个领域另外两位专家作为备选合作对象，如果与黄老师谈判不成，可以试着去谈另外两位专家。但陈佳也清楚，黄老师的知识体系以及她在圈子里的影响力，要比另两位专家更有优势，她希望不到万不得已，不要轻易启动备选方案。

开场就被怼，该怎么推进？

有了这些准备，陈佳开始了与黄老师的现场交流。

陈佳与黄老师的第一次正式谈判，是通过微信语音进行的。

因为看不到对方的反应，给谈判增加了难度。陈佳利用第三选择式谈判中的各种技巧，集中注意力，努力推进谈判。

一开场，黄老师就直奔主题：

> "小陈，上回跟你提的三个条件，不知道你们公司内部讨论得怎么样了？"

一上来就直接被问到答不上来的问题，陈佳有点犯难。因为公司内部讨论后，并不能答应黄老师要求中的任何一条，领导要求她与黄老师协商解决。因此，她必须先进入对话中，才能讨论解决方案。于是，她回复道：

> "黄老师，首先非常感谢您很清楚地告诉我们您的需求。我们公司领导也非常重视，还专门开会讨论了。我们都理解您的需求，但是很抱歉，的确，因为公司政策的原因，我们没办法满足，但咱们可以交流……"

黄老师：

> "不好意思，我要打断你的解释，咱们平时都比较忙，如果你们内部还没有形成比较好的结论，咱们可以改天再聊。"

没想到自己的话还没说完，就被黄老师打断了，陈佳马上接话说：

> "黄老师，抱歉，我知道您平时特别忙，我今天跟您沟通，也不是想跟您重复我们公司没办法满足您提的三个条件，而是想和您一起解决问题。"

黄老师：

> "我不认为这是需要我来跟你一起解决的问题，这是你们公司的问题，不是我的。"

一听黄老师这口气，陈佳就知道黄老师在责怪她，并且已经有了较大的负面情绪。这时候，一定要先管理好黄老师的情绪。于是，她说道：

> "不好意思，黄老师，如果我刚才说的话，让您生气了，我先道歉。合作是要双方一起推进的。我虽然没有您资深，但是在这个行业也做了很多年，我非常理解您为什么提出这三个条件，从个人的角度来说，我认为它们是合理的。"

在这段话里，陈佳既使用了管理对方情绪的方法，也用了改造对话的技巧，尝试将对话往正轨上去引导。当然，这需要一些耐心。果然，黄老师回应道：

"既然合理，那为什么你们公司没有同意？并且咱们上回说好，你们讨论清楚，拿出解决方案之后再来跟我谈。如果你们公司没有十足的诚意，我也不急着跟你们展开合作。"

陈佳觉得自己真是倒霉，碰到了这样一位不好沟通的专家老师，但她知道这时候一定要再坚持一下，先解决掉情绪问题。她打算启用调动对方正面情绪的办法，打开谈判的可能性。于是她回应道：

"黄老师，您别误会，我们是非常希望能跟您合作的。我读过您的书，知道您的理论体系非常扎实，也非常敬重您对合作方的挑剔，这恰好证明了您对课程内容很负责。而我们呢，也正在努力寻找负责任、有水平的老师，打磨出对亲子关系真正有参考意义的好课程，这一点我相信咱们是能合作到一块去的。"

果然，这一招开始奏效，黄老师示意她继续说下去。
陈佳：

"您看，既然咱们都想做一个很好的课程，那我相信咱们一定是有合作基础的，眼下要解决的是如何满足您的要求。所以我能不能向您请教一下，您提出这三条标准，是有哪些考量呢？"

上面这句话中，陈佳漂亮地把谈话引向了对共同利益的讨论，她原本想问"您为什么会提出这三条标准呢"，但怕黄老师太过敏感，所以改成了"有哪些考量"这样更温和的问法。

黄老师回答：

"我认为，这三条标准能够体现一家合作方是不是真正有诚意。如果连这三条都做不到，那对我们知识创作者来说，几乎就是在耍流氓。"

陈佳看不到黄老师的脸，但这是她今天第二次听到黄老师谈到"诚意"二字，并且也听出她口气中似乎有某些不满情绪。陈佳本想就"诚意"二字与黄老师理论一番，但想到争论缓解不了黄老师潜在的负面情绪，也解决不了真正的问题，所以她回应道：

"黄老师，我虽然看不到您的脸，但能感受到您有一些生气的情绪。我想了解一下，您是经历过什么事情，让您觉得如果不做到这三条标准就不行呢？我这样问，也是想看怎样能够避免做一些对您不利的事情，好促成咱们的合作。"

黄老师听到陈佳态度很好，而且说的话也很合理，就回答道：

"不瞒你说，很多平台都找过我，我也与部分平台有过短暂的尝试性合作，但是最后都被我主动叫停了。现在这个领域乱象丛生，既不能保证做出来的东西有质量，也保护不了我们这些内容生产者的权益。"

原来如此。虽然黄老师没有明说，但是陈佳能明白黄老师提出这三个苛刻的条件，本质上是担心自己的利益受损，所以如果能想办法找到保护黄老师利益的方法，也许这次合作就能达成。于是，她就着黄老师的话头儿说道：

"黄老师，我非常理解您刚才说的行业现状，身在这个行业中，我也能体会到很多不合理的地方。但咱们都是做事情的人，相信双方都愿意排除困难，做出好东西来。不知道我理解得对不对，您提的这三个条件，本质上都是希望平台方能够更好地保护您的利益，既有经济上的，也有创作上的，是吧？"

黄老师：

"你说得还算中肯。"

陈佳：

"谢谢黄老师认可。但是，据我了解，行业中大部分的平台是满足不了这三个条件的。我这样说，不是不认同您的需求，恰恰相反，我非常能理解您的诉求，因为我曾经也算是半个做内容出身的人。所以，您看咱们是不是可以一起想办法，讨论一下怎么样既能保护您的利益，同时也能真的让合作落地呢？"

在这里，陈佳用了中性表达的技巧，既对黄老师表示认同，也说明自己知道那三个条件不是行业通行的规则，大大方方地把对话往"保护黄老师利益"这个方向引导。

黄老师：

"行，那先听听你的想法。"

陈佳：

"好，那咱们就一条一条交流。先来说预付这条，我们公司，以及我之前待过的公司都没有这个先例，最近合作的几位老师也没有预付。但我理解您想通过预付来与我们共同承担风险。我想跟您解释一下，为什么我们无法给您预付，同时我也和您一起探讨如果不预付，但是同样也能帮您防范风险的方法。您看行吗？"

黄老师：

"首先我先声明，我之前跟别的平台合作是有预付的。"

黄老师的答复让陈佳有点措手不及，因为她一直以为，这个行业是没有预付这种说法的。难道黄老师是在撒谎、故意误导她吗？这时她想起自己学的方法，这种情况下跟黄老师争论是没有用的，瞎猜也没用，关键是要坚持公平原则，找到更多信息来推进谈判。为了确保不激怒黄老师，陈佳继续使用中性表达进行回复：

"黄老师，抱歉，我刚才说，据我了解行业中都没有预付这个方式，我们公司也从来没有预付这个先例，的确是我自己的理解，并不知道您跟别的平台合作的情况。但是，您既然跟我这样说了，我相信您肯定有过这样的操作。您看这样行不行，如果方便的话，可以告诉我之前您跟哪家合作的时候有过这样的操作吗？我可以拿着您提供的信息，与我们领导再去交流一下，看有没有机会推进。"

陈佳这样说，是因为如果真有平台已经有预付制了，那她就要和领导去交流修改合作条款；如果黄老师在撒谎，那她也可以通过了解更多事实信息来识别、应对。

黄老师：

"我合作的是 A 平台，具体的商务细节，我就不能告诉你了。"

陈佳：

"好的，谢谢您。关于这一条，我们内部协商好之后，下次再跟您交流，您看行吗？"

黄老师：

"没问题，我想提醒你，我想不到除了预付这样的通用做法，还有什么能保护我们作者利益的方法。"

很明显，黄老师没有经历过第三选择式的探讨。陈佳目前也还不知道其他选项，但她打算先把对话往前推进。

陈佳：

"好的，我们会综合考虑的。那咱们来看您的第二个要求，就是所有内容必须由您来把控。在这一点上，我不知道您是出于什么样的考量，是因为您之前和别的平台合作有过不愉快吗？"

黄老师：

"谈不上不愉快，但是我不认为你们平台具备足够的专业度，能够对我的东西指手画脚。"

陈佳知道，这种时候最需要的就是利用公平原则中的技巧，与黄老师讨论做知识产品的"专业度"标准到底是什么，并借这个话题的讨论来体现自己的价值。

陈佳：

"我完全理解，也相信您在行业中的专业度，同时我也想跟您分享一下我这几年做知识产品的体会。我认为做一款好的知识产品，既需要专业层面的知识，也需要产品思维。专业上的知识，我们肯定没有您懂，因此，在专业知识上，我们会给老师绝对的创作自由与尊重；但我们平台的优势是具有把您的专业知识打造成更适合用户需要的好产品的经验。毕竟写书跟做线上课程还是不一样的。我相信这一点您也认同吧？"

黄老师：

"你说的没错，你们只要有这个专业性，我是完全可以跟你们比较好地合作的。"

果然，陈佳击中了黄老师看重"专业"的情感需求，让黄老师有了愿意讨论合作的正面情绪。听到黄老师认同了自己关于双方"专业度"标准的分析，陈佳就更有信心推进下去了。

陈佳：

"好的，在这一点上我们还是非常自信的，我们有一个跨部门协作的产品打磨团队，有帮您负责润色文案的，也有专门负责营销推广的，每一项分工都有更专业的人士来做，就像专业知识会由您来产出一样。比如，我们负责最后编校的老师在出版社干过七八年，有非常强的文字驾驭能力。这样就可以更好地提升课程整体的质量。我想跟您特别说清楚的是，我们在其中扮演的是协助您，把您的专业知识变成好产品的角色，我们不会主导您的专业创作，这一点您可以放心。"

陈佳这段回复非常棒，不仅围绕着黄老师关注的利益讲明了团队将会有哪些贡献，还体现出自己充分尊重黄老师的自主权。黄老师在听完陈佳的表述之后，自然表示可以接受。

　　陈佳觉得黄老师开始逐渐信任自己了，所以她也干脆地进入第三个话题的探讨，并且抛出了自己在准备阶段已经想好的第三选择式解决方案：

　　"谢谢黄老师，那咱们就剩最后一个话题了，您特别明确地定了三个月这个创作期限，我当然非常理解您想做精品的内容，但是您也知道，咱们这个行业发展很快，我们特别想把您的课程打造成为全网第一个高质量的亲子关系课程。这样一来，创作时间可能就只有两个月。当然我不是要强迫您在两个月内凑合赶完，而是想跟您讨论，如何在两个月内帮助您高质量地完成创作的同时，又能满足课程的上线时间要求。"

黄老师：

　　"哟，你不妨说说。"

陈佳：

　　"我和很多非常负责任的老师合作时发现，他们在写完初稿后，还会花很多时间进行文字上的润色。这当然是重要的，但是您的核心价值在于提供知识，而文字的顺畅度、可读性等完全可以由我们团队里的专业编辑老师帮您完成，这样一来，至少可以减少1/3左右的创作时间，您觉得呢？"

　　陈佳这个解决方案使得双方避免了讨论是要三个月完成还是两个月完成这样一个非黑即白式的选择题，而是主动发挥自己团队的价值，帮助黄老师完成费时间但不是核心价值的工作。黄老师痛快地答应了。

　　到这里，第一次正式的电话交流就暂时告一段落。通过这次对话，陈佳围绕实现双方的共同利益，成功地让黄老师放开了在课程内容决定权和创作时间上的限制，并初步取得了黄老师的信任。留给她的作业，就是与内部领导及其他部门去交流关于"预付"的问题了。

只要用心准备与协调，就能找到解决方案

　　针对上次谈判中黄老师提出的"A平台给过自己预付"的说法，陈佳在公司内部做了一些交流。她发现领导的朋友就在黄老师提到的那个平台工作，一打听对方还真是有预付，黄老师并没有撒谎。这样一来，陈佳就非常为难了，她陷入了"该怎么给黄老师实现预付"这样一个单一命题中。

　　她首先跟财务部门交流，但是负责财务的同事说这是公司政策，从来没有过先例，磨了几次，财务直接拒绝了她的需求。最后她只能请教自己的领导李总，该怎么推进这件事情。李总建议她不要只盯着要不要给黄老师预付这件非常难推进的事儿，而是应该专注在如何解决黄老师的担忧，同时也保护公司的利益。

在这样的目标导向下，陈佳与黄老师展开了第二次交流。

陈佳：

> "黄老师，今天我想跟您继续讨论上次的话题，就是如果
> 没有预付，该怎么能保障您的权益……"

黄老师：

> "等等，咱不是说了吗？如果你们拿不出一个解决方案
> 来，我们就不需要再谈。我记得我非常清楚地告诉过你，我
> 并不着急做这门课程，别的平台也不断在找我，所以就看你
> 们的诚意，怎么去推进。"

在这段话中，黄老师明显是在使用威胁这个小诡计，告诉陈
佳自己的课程很抢手，合作不是非 B 平台不可，试图让陈佳因为
这个威胁而接受预付的条件。陈佳知道，一旦自己对这个威胁反
应太大，就落入了圈套，还是应当立足于公平原则，大大方方接
过话来推进谈判。于是她回应道：

> "黄老师，上次咱们沟通得很深入，我相信您也非常愿意
> 与我们一起做出好的课程来。我理解您要求预付，最主要的
> 还是想找到一条路径保护您的权益，避免写了很多内容，最

后平台不上了这种情况，是吧？所以我才会和公司领导一起商量，也和您在这里一起商量，看看怎么样才能真正有效地保护您的权益。"

陈佳这里用的就是基于共同利益以及公平原则的讨论，来避开黄老师的小诡计，从而讨论如何解决问题。黄老师听她说的也有些道理，就让她继续：

"那你就说说，怎么样不通过预付还能保护我的权益呢？"

陈佳：

"谢谢您的耐心。按照我的理解，保护您的权益，最重要的是我们能一起做出高质量的课程来。您想，如果这个课程本身质量非常高，我们是一家商业公司，没有任何理由与好产品过不去，一定会按合同约定及时上线的。所以真正的问题是，怎样才能确保让您的作品能符合高质量的标准。这一方面取决于您的知识及经验积累，另外一方面取决于我们这边的投入。虽然我们没办法直接给您预付作为投入，但是我也争取让领导在咱们这次项目上投入更多的人力。您现在看到的，只是我作为商务代表与您交流这次合作，一旦项目开始，我会让我们事业部的总经理直接加入咱们项目中，并且向您保证，您所有的内容我们都会及时审阅，内部交叉交流，确保您往前推进的同时，课程上线的确定性也能不断增加。这样一来，我们公司上上下下都投入到咱们这个项目中，再加上您本来很扎实的知识体系，发生您写完之后不上线这样的事件是概率非常小的，您觉得呢？"

在陈佳提出的第三选择方案中，抓住的是黄老师要看到平台投入才能觉得心里踏实的需求，但投入不只预付一种，对公司来说，人力尤其是高层的参与也是很大的一项投入。但黄老师还不放心：

"你说得有些道理，但是有一点可能我们理解的不太一样：你们公司再多人进来，投入的只不过是固定的工资；但是对我来说，如果写出一个新的作品但没有上线，那浪费的可是我的时间。这些时间如果花在别的地方去做商业合作，那对应的可是很多钱。"

黄老师的这番话，让陈佳非常不舒服，她感觉自己情绪一下就上来了，但是她马上又克制住，告诉自己还是要围绕着原则跟标准来推进。

陈佳：

"黄老师，我如果站在您的角度看，可能也会有同样的结论。但是，我们这边，从总经理的参与到跨团队的协作，所有的这些人员工资以及公司的运营成本，也是促成这个产品能顺利面世的一项投入，从这一点来说，咱们双方都是在用看得见的投入来确保把课程做出来。当然我并不是要与您争论谁投入得多谁投入得少，我相信大家都有十足的诚意，要把这件事情做好。"

黄老师也感受到了陈佳的坚持，问道：

"那你们能把上线时间约定好写在合同里吗？"

陈佳：

"那是当然的。就像我刚才强调的一样，我们会用机制跟流程，加上各个部门长达两三个月的时间投入，来与您一起妥妥地把这门课做出来。对您来说，您可以自由地去评估，是不是有这样的平台，能从事业部总经理到各个部门联合在一起，为您这个产品保驾护航。同时，我也非常同意将上线日期写进合同。如果我们违约，我们将给您两倍合作金额的赔偿。您看，我们这样的投入与诚意，能打消您的顾虑了吗？当然，作为公平的条件，我们也会请您在规定的时间内，与我们一起把课程高质量地做出来。"

黄老师这时才算真正放下心来，说道：

"放心吧，只要确定合作，我从来没有拖延过。"

交流到这儿，陈佳与黄老师差不多达成了一致。陈佳成功地基于双方的共同利益，拆解出了实现利益的标准，那就是双方从时间到人力再到合作流程上的投入。整个谈判过程中，陈佳做得最棒的一点是，无论是黄老师出现了情绪上的波动，还是使用了一些听起来像是小手段的措辞，抑或有她自己的坚持，陈佳都能紧盯双方的共同利益来推进谈判。

这样的谈判伙伴是值得尊敬的，黄老师最后愿意与陈佳展开合作，也是基于对陈佳和 B 平台的信任。这也是第三选择式谈判最迷人的地方——不仅能达成利益，也能收获人际上的信任。

第十六章

上升期职场妈妈，如何争取家人的理解与支持

小语今年 33 岁，是一家广告策划公司的客户总监。她聪明又踏实，在公司里也发展得很好，是同事眼中的明星员工。但是，小语去年有了孩子，压力一下子大了好多，她一方面想做好一名母亲，多陪陪孩子；同时，也不想在事业上掉链子。

其实，小语的压力更多的是来自家里人。小语的妈妈在有了孩子之后，就搬到了小语家一起住，周末公公婆婆也会来家里帮忙。虽然帮她带娃的人不少，但因为两代人生活方式与育儿理念不同，产生的冲突更多。这让本来工作就很累的小语，时时处在压力中。

比如，小语学习了很多育儿知识，在产假的时候也和父母分享了很多方法和原则，但那时她在家能亲力亲为，可以主导带娃这件事，孩子带得还算不错。可当她一上班，父母就凭着自己的经验和喜好带孩子了，导致孩子很多作息和习惯都乱套了，这让

小语很焦虑。她和父母沟通过，父母表面上答应，但操作起来又"忘了"。

老公看她很累，就出于好心劝她心大点，要么孩子的事多放手，要么工作中别那么较真。小语想到老公平时在家庭和工作中过于松弛的样子，很失望。她积累的怨气一下爆发出来，冲老公大声说道："那你倒是上点心呀！我为什么要逼自己这么累？还不是你又不管孩子，又不拼事业！压力都是我一个人在扛，你这时候做好人，只会说句好话，当然轻松得很。"

为什么看似有很多帮手的家，就不能给小语提供她真正需要的帮助呢？为什么说是为自己好的家人，却不能理解并支持自己呢？

其实，这样的挑战不只小语有。对很多职业正处于上升期，家里又上有老、下有小的人来说，兼顾家庭与事业，赢得家人支持，与家人和谐相处，是一件很难的事。这既是因为中国人更重形式上的"情"这一文化心理模式，也因为很多家庭都没有培养出坦诚、理性的沟通习惯，加上代际的冲突，使得很多人只能选择忍受。然而，忍受往往解决不了问题，只会加速矛盾的积累，并经常在某一个时刻以更大的威力破坏自己的身心，以及需要用心经营的伴侣与家庭关系。

在这个案例中，我们将结合前面的技能，以及我们夫妻两在一起十多年的经历，为你展现如何用好谈判能力，为自己的事业与家庭创造更多的幸福资源。

夹杂亲情与矛盾的争取，该如何准备？

职场上的谈判或争取，大家会很自然地关注在直接的利益上，哪怕是人情关系，也更多是围绕着长期或短期的实际利益展开。而与家人交流时，我们既不太能关注是非对错，更不太能拿理性的利益说事，这才导致了"清官难断家务事"，很多职场上非常厉害的人，家里却一团糟。

要避免这种情况，我们需要情理兼顾、融情于理地去准备、推进。下面，我们就借小语的例子，来为你展现如何做到。

确定需求与目标

和很多在职场上习惯了忙碌与掌控的人一样，小语一开始也希望家人都能随自己的意，听自己的安排。但学习了分析自己的想要与需要之后，她逐渐意识到自己的本质需求是能让家人们充分发挥各自的爱心与特长，正确又和谐地帮助带娃、陪伴孩子成长。同时，对于自己的老公，她也不是真的要他拼命赚钱，而是在工作上多上心、求上进。她很在乎伴侣是不是能和自己一起奋斗，并为孩子从小树立一个正向的榜样。只有这样，全家才能在辛苦之外，相处和谐、有奔头。

理解对方的利益需求

以前，小语觉得家人们想要的东西，在她看来既不重要，也难理解。老公喜欢闲散，自己的妈妈喜欢"做主"，而公公婆婆又太要面子。但在学习了分析对方的需求，特别是在中国人情社会中人的诉求之后，她发现家人们表现出来的需求，其实也是表象，他们也希望孩子能健康成长，关心自己是不是过得幸福，当然，作为关注自尊与面子的人，他们也期待在家里能够得到重视。

找到双方的潜在分歧，提前寻找合作可能

小语与老公的分歧，一方面在于价值观层面两人对于"打拼"及其对人生重要性的理解不同，另一方面在于养娃的理念不同。而她与妈妈的分歧，则主要在于带孩子的方式；与公公婆婆的分歧也源于价值观不同，特别是女性的重心应该放在家庭还是事业发展上。但无论怎样，大家对于让孩子更好成长、让自己能幸福开心的出发点，还是一致的。

准备好最佳替代方案

矛盾的焦点是带孩子这事，因此，小语在做备选方案时，也以孩子为中心，同时兼顾自己的需求，她初步有三个想法：一是她请教了身边同样有此烦恼的同事，大家都推荐她直接用育儿嫂，虽然要花钱，但能收获清静，因为育儿嫂是服务方，她也更容易直接提出要求；二是她看了小区里的房子，打算如果与妈妈实在无法生活在一起，她可以在附近租房让妈妈住，这样，既避免了

生活方式不同带来的问题，妈妈又可以随时过来帮忙照顾孩子；三是考虑让老公回家专职带孩子，虽然会有一些经济损失，但跟请育儿嫂相比也差不多，而且自家人带娃她也更放心，这样也能避免两代人间的干扰和矛盾。

思考清楚上述关键问题之后，小语打算与老公还有其他家人一一展开交流。

如何让不懂自己的另一半，更支持自己？

为了让老公也重视与自己的沟通，小语提前三天就约了老公周五的晚上交流。到了周五晚上，小语提前结束自己的工作，孩子也在姥姥的陪伴下睡了，家里相对安静下来，她和老公开始了交流。

小语：

"老公，我专门约你时间聊，是想解决现在有娃之后咱家越来越多的矛盾。我知道过去你们总觉得我在带娃上太较真，也经常让你们不开心。但我心里也清楚，你们也是为我和孩子好。我想和你聊的是：咱们怎样做一些调整，能够尽可能地避免不必要的矛盾？"

老公：

　　"其实我也憋了好久，既然你提到这个话题了，我也正好跟你说说。咱爸妈都挺辛苦的，你能不能不要对他们要求那么高？孩子怎么养不是养？我觉得现在家里总是气氛紧张，根本不是孩子的问题，而是你要求太多了，还老把在公司里当小领导的脾气带到家里来！"

　　小语完全没料到，自己想心平气和聊一聊，但上来就被老公指责，心里一下子就充满了火气。要在平时，她可能就会对老公说，要不是你不上心，我何必要那么辛苦？但一想到自己是来解决问题的，且老公与家人的确也有很多不满，如果要谈下去，就得先管理好情绪。于是，她深吸一口气，打算先道歉，再用改造对话法，化解对自己不公平的指责，她说：

　　"我知道你也不开心，我的确有时说话太急，没有考虑你们的感受，如果让你不开心了，我先和你说声对不起。但你应该也理解，我白天在公司那么忙，回家很累，还看到你们没有按说好的要求来带孩子，我也很着急啊。我相信你也知道，带孩子是咱们共同的责任。"

　　老公一听小语向自己道歉，心里也觉得难受，他还是心疼小语的，只是嘴上不习惯明确地说出来。他说：

"我知道你累，所以我才说你不用那么拼嘛。工作上、带娃上，都是如此。咱们都是普通老百姓，过日子只要家人和睦不就行了嘛。你也说了，既然是共同责任，就是要大家一起带，也不用非得按你要求的来带吧？"

小语一听这话，心里就憋得慌。这样的话，老公一直在说，但在过去，她认为这是老公不上进的表现，甚至认为老公就是受公公婆婆的影响，才变得这么不求进取的。如果在这一点上，两人达不成共识，对话会一直卡着推进不下去。于是她打算暂停原来想快速说出自己观点的安排，与老公讨论一下关于打拼、和睦等抽象概念的标准问题。她采用积极聆听的方式，以便能让老公说清他自己的想法。她说：

"我知道你舍不得我太拼，我也希望过日子能轻松顺心，但咱俩好像对打拼、和睦的理解很不一样。你能跟我说说在你眼里，什么叫打拼、什么又叫和睦吗？"

老公一听，觉得有些奇怪，因为自己从来没思考过这些问题。作为一名典型的北方人，他觉得小语这个问题有些矫情。于是，半开玩笑半认真地说：

"哟，你这是要给我上课啊？你看你每次交流，都让人感觉只有你是对的。"

小语听到老公的话，知道可能自己的语气不太温和，又聊到了之前经常吵的话题上，让老公没有安全感了，于是赶紧说：

"不是，不是，你知道我的用意不是要给你上课，而是我真的发现咱俩的理解不一样。这倒不是说我的理解对，你的理解错，而是因为我们的不一样，直接决定了我们在带娃、看待加班等问题上，一聊就会有很多矛盾或冲突。因此，我才想和你聊聊标准问题的。咱们稍微给对方一些耐心，聊一下好吗？"

听到小语这番在情在理的话，老公也认真起来，于是他回应道：

"在我看来，人这一辈子有多少财运，是命中注定的。咱们都是普通人，既没人脉，也没关系，平平安安过日子就行，再怎么打拼也不会发大财，所以我才觉得你在工作上那么拼，没什么意义。你们这行在我看来就是在吃青春饭，你升职再快，也就一打工人，把身体搞垮了、把家庭耽误了，不值当。而我理解的和睦，其实就是在认清这个事实的前提下，一家人平平淡淡地过。跟老人一起生活时，看到一些问题，睁只眼闭只眼就行，难得糊涂，才能和谐嘛。"

这是小语老公第一次阐述自己的价值观，她有一种放松感，因为这是第一次她完整地听到老公说明自己到底追求什么；但她也非常失望，因为这与她从小受到的教育，以及她看待人生的价值观完全不同。她甚至怀疑当年怎么会和眼前的老公走到一起。

但眼前，她需要推进对话，而且，从某种程度上来说，老公说的话也不是绝对错的，里面有浓浓的人情味。因此，她用能平衡自己观点与对方情绪的中性表达法，回应道：

"老公，虽然你刚才说的观点与我的想法有些不一样，但我还是很开心第一次与你深聊这个话题，我相信很多人家也会像咱们一样，在这些话题上说不清楚，又时时起冲突。

"从你说的这番话里，我能感受出来你身上有浓浓的人情味，很孝敬老人，自己的状态也很松弛，这些可能是你我刚在一起时，你身上吸引我的地方。但现在咱们快步入中年，也有了孩子，而且大环境也不好，我的出发点，还是要尽可能通过自己的努力，保持一种向上的状态，以及该有的竞争力。这既是为了在物质及社会关系中，我们能有一些积累，以便关键时候，咱能为孩子和家人多些储备。之前咱们发烧买不到药时，不还是我的客户晚上闪送给我们感冒药救急的嘛。

"在物质上，我更看重日常的状态，比如，事情虽然小，但我们是不是尽心尽责？虽然靠打工发不了大财，但我觉得让咱儿子从小耳濡目染地看到父母是非常努力的，也是好事；
让咱们父母看到我们为了这个家很上进，也是好事。这些，
我相信你也认同，对吧？"

老公听完小语这番话，没有说话。小语不知道他是陷入了思
考，还是自己的观点挑战了老公作为一名"北方爷们儿"的一些
固有认知。但她知道这时不应太着急逼老公表态，而是需要弄清
楚他是怎么理解的。

稍顷，老公回应说：

"我能理解你说的，也同意你的观点，我过去确实没这样
想过。但你这么说的意思，是说我不够尽心尽责？还是说我
不够上进？"

小语一听，心想：完了，又绕回到之前老吵的话题上去了。
于是，她马上启用改造对话法，来纠正老公对自己动机的误解，
并防止自己负面情绪的扩大。她说：

"当然不是！我讲这些的出发点，不是要说你不够尽心，
也不是要说你不够上进，相反，我的目的是讲明白我是怎么
看待上进、打拼这些事的，并希望咱俩能在行动中，一起去
做到。

"比如，在工作上，虽然你们单位不会像我们公司那样卷，大家也没那么拼，但在工作中呈现一种积极的状态、少些抱怨，还是可以的吧？再比如，在带孩子上，我同意你说的不用什么都照书上的来做，但咱们如果能遵循一些已经被科学验证过的规律，就会让他成长得更好，是吧？我的愿望，是和你还有爸妈一起，未来在行为上能更积极些。我一个人肯定做不到，我需要和你一起在家里创造出这样一个互相努力、支持的环境。"

在这段话中，小语尽可能地用举例子、对比法，来讲明白自己的用意。同时，她也在强调自己所讲的东西，是对未来共同行动的期待。因此，从她老公的视角来看，也都合情合理。更关键的是，她强调了老公的重要性，也强调了自己依赖他，而不是贬低老公的价值。

也正因如此，老公听完后，才积极地回应说：

"小语啊，我觉得你说得对，过去我的确有些误解你，还觉得你怎么变得越来越功利、越来越世俗了呢，听你这么一说，我觉得咱们是得为了儿子立一下精气神儿。那具体行动上，你想做什么呢？"

小语听到这儿很开心，她知道老公人不坏，就是平时闲散惯了。她说：

"具体要做什么，咱们可以以后慢慢探讨，但我觉得有挺多行为是可以一起优化的。比如，如果我周末要加班，爸妈来了，他们因为关心我，不想我太累，有时会说一些类似'这上的什么班啊！'这样的话，你就可以帮我打个圆场，说明白咱们要给孩子妈妈一个安静的工作环境这样的话，而不是一起说我的工作不好，是吧？而从我的角度来说，我也不该、也不会老说你不上进。我相信你会对自己的工作有新的理解，就像你说的，挣多少钱不重要，但精气神儿很重要。"

老公回应说：

"是，我之前是疏忽你的感受了。但我的工作与单位你也知道，发展就是没那么快，这怎么办啊？而且这个工作是我爸妈好不容易托了关系找的，我也没办法说不干就不干，跳槽找个更好的，是吧？这会让我爸妈很难堪的。"

小语从来都看不上托关系这种行为，要放以前，她听到这话，肯定又受不了老公婆婆妈妈的，但她也越来越成熟，也逐渐理解了在中国人的相处模式中，人情与面子极其重要。

因此，她肯定了公婆的角色，也理解老公的顾虑，从而实现对老公积极情绪的调动。她说：

> "我非常理解你的考虑，而且，我觉得爸妈帮你找到工作，其实也是为咱们好。只不过，我想咱们自己总归还是要为了咱家未来的发展，有一些长远的打算。我这样说，并不是说你要马上换工作，而是说，你是不是可以在现在的基础上，摸索着先做些准备？比如，你本来就是学会计的，能不能慢慢去考个更值钱的证？再加上你现在的工作也是国企背景，未来是不是可以有一个既不用像我们这行那样不稳定，但又能比现在更好的去处？我相信，只要你的发展好，爸妈不会不开心的。"

这一番话，让小语老公很受鼓舞。他说：

> "其实我心里也有这样的打算，但你看现在咱们有了孩子，也没有时间与安静的环境学习，准备考试啊。"

小语说：

> "这个问题不着急，正好和咱们双方父母因为孩子而产生的矛盾一起处理。咱们改天再聊吧。眼前，咱俩先在一些小事上，试试我们刚才说的理念。比如，你下班比较早，回

家后多主动带带孩子，跟他玩会儿早教游戏；或者在孩子面前不要看手机，多看看纸书，既能抓紧时间学习，也能潜移默化影响他。我相信爸妈看得到一些变化，也会对咱们更放心。"

沟通到这里，小语基本达成了自己的争取需求。当然，改变不是立刻马上发生的。她之所以先与老公约好，先从他俩自己做起，其实也是为了让老公能够支持自己的提议，为后期与长辈的交流做好准备。

如何让观念不一致的父母，听取自己的建议？

前面我们介绍过，小语与自己的妈妈和公婆，在带孩子及职业发展上都有一些不一样的看法，而且因为小语太强调让大家按自己的思路来带娃，导致了很多冲突。因此，她希望通过接下来的沟通，加强大家对共同目标与利益的理解，并能够找到客观上更适合自己家里情况的解决方案。

小语先从自己的妈妈开始沟通。她是这样开场的：

"妈，我今天想和您聊聊接下来咱们怎么一起更好地带孩子、过日子的事。有孩子之后，您特意搬过来一起住，每天都在带孩子，也很辛苦。但是您可能也看出来了，我回去上班之后，家里不开心的事情越来越多，虽然大家没撕破脸吵架，但我也知道您其实也不开心。我也不希望您辛辛苦苦带娃，还要受气。"

小语的妈妈是个急性子。虽然小语讲得已经非常委婉，也肯定了她带娃的辛苦，但因为之前小语与妈妈没有太正式的交流，因此妈妈也有些不习惯，误解了小语的用意，以为又要指责她带娃方式不对。因此，她生气地回复道：

"你什么意思？你是怪我不会带娃，所以有了矛盾？！"

妈妈的质问，一下子把小语的初衷给打乱了。但她听出了妈妈积压在心里的情绪，于是马上启用情绪管理的方法，说道：

"妈，您别急，我与您聊这些的目的，不是要争论谁对谁错，我也知道过去我一着急，说过很多让您生气的话，我跟您说声对不起哈。"

妈妈：

"自己家里人，说什么对不起，阴阳怪气的。"

妈妈嘴上虽然这么说，但语气已经缓和下来了。于是小语继续说：

"妈，是这样的，我仔细琢磨了一下咱们经历的不开心的事，基本上都集中在两类事上。一类是您说的带孩子的方式，另一类是咱们相处时的生活习惯不同。

"在带孩子上，您把我养育得很好，我当然知道您也肯定能带好孙辈；况且我也没想完全照书上讲的来养娃，那些所谓的专家说的也不全对。过去可能是我带孩子没经验、太紧张，总是叫您直接参考专家说的方式来带，也没听过您的意见。您把我辛苦养大，肯定也能理解我这么做的原因，是吧？

"不过既然聊到带娃的方式，我相信您与我，还有孩子的爸爸、爷爷奶奶肯定都想为孩子好，因此，虽然咱们不迷信专家和书本，但已经被证实的科学道理咱们能不能还是多参考参考？其实带娃也是一门专业，您不从小教育我要用心好学嘛！"

在这段话中，小语开始邀请妈妈一起关注更科学的养娃方式，但她通过三个点，避免母亲生气，并调动母亲的积极情绪：一是避免说母亲的都是错的，书上说的都是对的；二是承认了自己过去在沟通上做得不好，没听妈妈的意见，只是机械地让妈妈照做；三是肯定母亲在教育自己上的辛苦与成功。

妈妈听完小语的话之后，心也软了下来，毕竟是自己的孩子，她也心疼小语。因此，她说：

"行，我知道了，我毕竟还是三十多年前带的你，也不知道现在有哪些科学的方法。以后我至少会先听你讲一下你说的科学方法。"

小语：

"谢谢妈妈，我就知道妈妈肯定支持我。我以后发一些视频给您时，您也可以跟我说说小时候您是怎么带我的。咱也不用完全听专家的，还得结合实际嘛！"

小语用了尊重对方的角色的方法，让妈妈很受用。于是妈妈说道：

"对嘛，这才是实事求是。但是还有个问题，其实我看现在咱们家里的一些不开心，也不全是孩子，我看你和孩子他爸还有你公公婆婆处得也不开心。你们有没有交流过啊？"

小语正好要将话题切换到生活琐事的话题上，于是她说：

"我也正想跟您说这事呢。的确，现在有很多的小矛盾，都是因为孩子的爷爷奶奶。我和您是母女，都还会有一些冲突，更何况我和他们都没一起生活过，之前也没那么频繁地交流。但我和其他孩子家长交流时，他们说在相处与带孩子这件事上，分工与边界很重要。我也正想问您，愿不愿意和孩子奶奶分工来带？"

小语妈妈有些困惑，也略微不满地回复道：

"你这是嫌我带得不够好，还是你老公不满意我带，想让他妈多带？"

小语赶紧回复说：

"妈，您想哪儿去了！我老公可能比我更喜欢您多带呢！我之所以这样问您，是因为咱们的矛盾都集中发生在周末。为什么呀？因为孩子的爷爷奶奶会过来，虽说也想帮忙吧，但因为不知道哪些是您说了算，哪些她可以说了算，就会产生不必要的误会。以上周咱们给孩子喂水果为例，您觉得常温吃就可以了，孩子奶奶觉得吃了会拉稀，但到底谁对，咱也不知道，也没必要争个是非，是吧？"

妈妈：

　　"那你的意思是？"

小语这时候开始抛出第三选择的想法，对妈妈说：

　　"我和孩子他爸也商量了，我想让您和孩子奶奶分工来带娃。可以是一周中，你们各带三天，周末我和他爸自己带一天。这样，你们各自按自己的想法来带，不用在看到与自己想得不一样时，说了怕驳对方面子，不说又觉得难受。另外，您在不带娃的时候，也可以好好休息，我也不想您天天带娃，弄得自己也完全没法休息。您觉得怎么样？"

妈妈：

　　"这当然好，但我现在住你家，总不能真坐在那儿，看着都不帮一把吧？"

小语：

　　"是，但我觉得各自适应一下就行。您在不带娃的时候，可以自己出去玩玩，来这个城市那么久了，您都没玩过。或者，您就待在家里，但不用操心孩子的事，在自己房间里该休息休息，想干什么干什么。当然，我和孩子他爸还考虑过，可以在咱们小区找一套小房子租下来，您单独住，这样既方便来我这儿，您也多些自己的空间，而且明年爸爸退休了，来这儿一起住也方便。"

小语这番话，其实很多人都不敢说出来，因为长辈们可能会误解为孩子不想和自己住。在他们看来，一家人就要住在一起，即便不舒服、有摩擦，也总想着忍一忍，日子长了就好了。

果然，小语妈妈也觉得不舒服，直接问道：

"你是不想让我和你们住在一起，嫌我碍事？"

小语预料到妈妈会有这个反应，但她并没有一定要让妈妈搬出去，只是希望家人能有各自的空间。于是，她说：

"妈，我不是嫌您碍事，您在这儿带孩子，帮了我们太多了，我感激还来不及呢！我这么提议，主要是从现在家里的情况出发的。我提出让您自己住，也不是为了躲开您，相反，我希望您住在离这儿很近的地方。这样，您有自己的空间，但在需要互相照应时，又很方便；我这儿也能少一些因为协调您与孩子他爸和爷爷奶奶相处不适而产生的压力。"

"要说年轻时，我肯定完全希望按自己的想法来自由地过日子，不喜欢双方父母干涉；但我现在更希望能和家人们融洽相处，多些交流，少些摩擦。可是您也知道，现在我们工作压力都大，烦心事也多，而且两辈人生活节奏很不一样。比如，我睡得晚，您睡得早；我和您吃饭的时间，差着两个多小时。虽然可以协调，但对双方都不方便，我也不想让您屈就我，天天熬夜、饿肚子。所以，与其形式上住在一起，不如各有自己的生活空间，而真正待在一起时，大家能放松、开心地相处，而不是带着各种不说出来的压力和迁就。"

妈妈听了小语这番话，虽然并不知道小语这是在讲双方的本质需求，但感觉的确是说到自己的心坎里去了。她当然希望能够帮衬一下女儿，给她减轻点负担，但毕竟从小语上高中住校开始，自己已经有小二十年没跟小语生活在一起，很多生活习惯都不一样，自己确实感觉很不舒服；最让人不适的，恐怕是每周末孩子爷爷奶奶来家里时，虽然说不上为什么，但就是觉得自己很多余。能自己住，并且让小语爸爸明年也过来，当然最好，但是，这又要增加一笔不小的开支，她觉得又要给孩子增加负担了。

于是，她说：

"小语，我当然也想住得舒服些，但租房又要花钱。你工作已经够累了，这不是又增加负担吗？"

小语回答说：

"妈，这个您不用担心。虽然会花些钱，但我是这样想的：我本来也没打算给孩子瞎花钱买各种花里胡哨的衣服、玩具，我和老公也不是那种花钱大手大脚的人，但我觉得把钱花在真正让我们过得顺心、幸福的地方就很值。所以，租房的钱，我很愿意花。

"当然，我也理解您担心给我们添太多负担，您要怕我们因此变穷了，可以平时投喂一下我嘛，比如买点菜，做点好吃的。有孩子之后，大家都围着他转，我都好久没吃妈妈做的饭菜了。您自己住，就有更多时间来做菜；我们也省了菜钱，现在菜也不便宜呢！"

小语这番话，彻底打消了妈妈的顾虑。这的确是一个让她心里觉得平衡又舒适的方式，而且想到能给女儿添补些菜钱，感觉自己更有价值了。于是，妈妈最后说：

"小语啊，你真是我的好女儿，真不愧是妈妈教出来的。那就这么做吧！钱上你不用担心，妈也有退休金，你这儿要是压力大，房租我付一半还是没问题的——当然，也保证你不缺肉吃！"

小语：

　　"而且，在家附近有另外一套房，我有时也可以过去，万一要工作时，孩子太吵，我还可以安心去您那干活。"

　　交流到这里，小语与妈妈基本已经达成了基于双方本质利益诉求的第三选择方案。一旦奶奶与姥姥分工带娃，边界与责任就能变得更清晰，这将从本质上解决现在的很多矛盾。同时，妈妈如果独立去住，那日常很多不顺心的小冲突也可以解决。周末自己带娃，既可以高质量地多陪孩子，也能和老公沉浸地在一起，更增进感情。

　　有了这样的解决方案之后，她和公公婆婆的交流就会很顺畅，其实双方父母的心都是一样的。小语也用了相似的方法，和老公一起，让婆婆也愿意参考科学的育儿方式，同时，小语也感谢两边老人一起帮自己带娃。因为少了很多烦心事，老公开始变得更积极，在努力考证了。她原来想的请育儿嫂等备用方案虽没用上，但第三选择的思维与争取能力，让她与家人做出了更符合当前家里真正需要的选择。面对未来，小语有了很多信心。

结　语

　　写完本书时，正好是壬寅虎年的腊月二十九。这本书对我们夫妻俩来说意义非凡，因为这是我们在初为父母之后，虽越来越忙，但还是通过不断优化生活系统及所需资源，来保证思考与创作的一个结晶。我们特别感谢双方父母的无私支持，也谢谢工作与专业上的伙伴给我们持续不断的启发与建议。

　　这是我们的第六本书。这些年，围绕着"赢得信任"与"持续幸福"这两大主题，我们慢慢拓展着自己的研究。与前几本不同，在这本书中，我们开始更多关注人情的复杂。比如，我们鼓励大家倾向于相信别人的动机与好意，但也希望读者能有策略与能耐来应对别人的欺骗与诡计；我们呼吁工作与生活中多些理性思考与对话，但同时也一直在强调"情"的作用，以及融"情"于"理"的意义与练习。

　　写作——特别是结合自己成长过程的写作——给了我们这

份自由去探索与创造，但可能也会给读者带来一些阅读上的困扰，在此说声抱歉。只是，作为探索的一部分，在讨论诸如信任、人情、合作策略等抽象概念时，我们不是要故弄玄虚，也不是刻意要掉书袋，只想负责地为你也为我们自己梳理已经被学者验证过的规律。同时，作为技能学习的一项规律，光看书与了解理论也没有用，掌握它，还需要大量的刻意练习。

我们书中的案例大部分是自己经历并实践过的，希望能给大家一些参考。大家可能已经发现，虽然谈判或争取的技巧在生活与工作中都能用，但在书中，大部分案例还是以工作为主。这既是因为到目前为止，我们还是比较务实地认为工作做得顺心之后，其他与持续幸福相关的因素，比如安全感、意义感等才能来得更顺当些；同时，也是因为对大部分人来说，工作是他们持续、专注在投入的事，如果我们的第三选择式谈判理念能够被用起来，工作肯定是一个重要的实践舞台。

当然，工作并不是生活的全部，更理想的状态应该是把在工作中学到的经验、智慧与心胸，迁移到过日子中，让生活本身也如事业一般被精心打理。反过来，生活顺心与自由了，也能支持到我们的工作。

最后，作为对本书开篇时谈到的"资源"的一个呼应，我们想说"资源"其实也是一种隐喻。它可以是手上的一盒退烧药，也可以是在谈判、争取时，有更多的信息与思路。作为个体的我们，需要孤独、坚持地去发现和争取这些资源，但同时，也能感受到这个过程中人与人之间的信任、支持，以及人之为人在创造、分享资源上的能力与温情——一盒退烧药被拆分，按粒来计算，并在深夜闪送给最信任的人，就是一个例子。

就拿这个故事来结尾吧，以纪念那段全家老小瞬间都"阳"却无半粒退烧药，好在有朋友与同事们慷慨送药的日子，也愿你敢争、顺心、自由。

2023 年 5 月 20 日